公共管理研究与定量分析方法

梁霄楠 著

中国商业出版社

图书在版编目(CIP)数据

公共管理研究与定量分析方法 / 梁霄楠著. — 北京：中国商业出版社，2023.7
ISBN 978-7-5208-2558-0

Ⅰ. ①公… Ⅱ. ①梁… Ⅲ. ①公共管理－研究方法－高等学校－教材②公共管理－定量分析－高等学校－教材 Ⅳ. ①D035-3

中国国家版本馆 CIP 数据核字(2023)第 136839 号

责任编辑：朱丽丽

中国商业出版社出版发行

(www.zgsycb.com　100053 北京广安门内报国寺 1 号)

总编室：010-63180647　编辑室：010-63033100

发行部：010-83120835/8286

新华书店经销

优彩嘉艺(北京)数字科技有限公司印刷

*

787 毫米×1092 毫米　16 开　10 印张　237 千字

2023 年 7 月第 1 版　2023 年 7 月第 1 次印刷

定价：38.00 元

* * * *

(如有印装质量问题可更换)

前　言

对任何学科的探究都要使用研究方法，公共管理学也不例外，而开展科学的公共管理研究，需要系统地掌握和运用科学的研究方法。因此，系统地学习和掌握科学的研究方法，并应用于公共管理研究，对促进公共管理学科的发展具有重要意义。近年来，公共管理研究中使用最多的研究方法就是定量分析方法。为了进一步提升公共管理研究水平及质量，本书初步研究定量分析方法在公共管理研究中的重要性，从而分析及探究定量分析方法在公共管理研究中的运用情况。

本书共分为六章。第一章为绪论，阐述了相关理论及基础概念；第二章为管理与定量分析探究，主要分析了管理与定量分析之间的相关内容；第三章为公共管理研究设计内容与评价标准，主要对研究设计的内容与评价的标准进行研究；第四章为公共管理研究中定量分析技术，主要对预测技术、决策技术、网络分析技术进行探究；第五章为公共管理研究中文献资料与数据获取方法分析；第六章为公共管理研究中定量数据分析方法探究，主要对描述性统计、假设检验、方差分析等方法进行研究。

本书在撰写过程中参阅了很多专家学者的文献资料，在此一并表示感谢！由于作者水平有限，书中难免有不足之处，恳请广大读者给予批评指正！

作　者

2023 年 4 月

目　　录

第一章　绪　论

研究方法是任何一个现代学科中最重要的课程之一。这是因为学科的发展、进步以及在知识创造领域中的学术竞争力所仰仗的核心工具就是研究方法。这也印证了中国的一句老话，“工欲善其事，必先利其器”。

在进入大学以前，在校学生的主要学习任务是接受、理解、消化和融会贯通已有的知识。前人的智慧和已有的知识被认为是真理，只要接受、理解、能够应用就算学习成功。进入大学以后，特别是进入研究生的学习阶段，学习任务有了本质的变化。学习者开始在教师的指引下迅速趋近学科前沿，开始进行拓展理论、验证理论、挑战权威、重整现有的知识内容和结构、开辟新的研究领域的知识创新阶段。从这个意义上来说，研究方法的学习和掌握，不仅是一个人在大学本科直至研究生学习阶段的重要一步，也是决定一个人是否最终具有在知识领域进行创新和开疆拓土能力的关键。

一般来说，在人类求知的过程中，总要寻找一些规律，总结一些经验，并用这些经验来指导自己下一次的求知活动。这些总结出来的寻求知识的经验和规律，就是比较初始的研究方法。其实这些方法也早就包括很多我们今天依然奉为金科玉律的方法论上的概念：假设(对于神的存在的假设、金木水火土的假设、地心说的假设等)、观察(星相、日光仪等)和实验(钻木取火、替代实验等)。由于早期方法论的不成熟，科学性并不够强。例如，当时假设的随意性强，脱离实际太远，没有合理的理论支持，也不追求论证过程或论证过程的严密性；在假设了金木水火土为万物之本后，炼金术士们信仰长生不老药的存在，用愚蠢的方法反复实验，害人不浅。

随着人类对自然和对自身认知能力的加强，研究和认知的方法不断得以改善，因此才有了科学方法的讨论。本书所指的研究方法，就是科学的方法。

第一节　科学的含义

对科学方法的认识，首先源于人们对科学的认知，“科学”(science)在古希腊文里是“scire”，意思是知识，科学就是对人类全部知识的总结。后来，学科的分工也使知识被分门别类，成为我们所理解的科学，这是科学的第一层意思，就是分类的知识，用英文来描述，这是科学的内涵定义。

早期的科学家如阿基米德、欧几里得、托勒密、哥白尼和伽利略等都注重观察，记录事实，并发挥想象，提出假设，努力求证，在工具不够好的情况下，改进和创造工具，提高观察力，验证假设，提出系统的解释，但当观察到的事实与存在的权威观念有冲突时(如日心说的出现与教会的上帝创造了人的信仰相左)，科学家们选择的是尊重事实，信仰真理，有的为此遭到了封杀或献出了生命。但历史的车轮不可阻挡，真理的力量终究强大，科学家对发现和论证真理的贡献，最终还是造福了人类。这是他们名垂青史，永受后人景仰的真正原因。

后来的科学家如哈维、牛顿、瓦特、法拉第、拉法谢、莱伊尔、达尔文和居里夫人等开始关注更微观的、与人类生活更密切相关的科学课题。观察、假设、实验、记录和解释等同样是他们最经常从事的活动。因此，无论科学家研究的是什么课题，他们都在追求知识真理的过程中，逐步领悟到一些共同的、行之有效的方法，这些方法总结起来包括以下几点。

(1)观察、假设和实验。

(2)记录、发现、寻找和报告实验现象。

(3)相信事实和真理。

(4)对研究现象提出系统的解释。

在我们讨论科学的时候，常常下意识地认为，科学指的是一套行之有效的寻求知识、追求真理的方法。它有想象，即大胆假设；它有方法，即认真观察、实验和记录；它有信仰，即真理的神圣；它有结果，即系统合理的解释，也就是我们所说的科学理论。

第二节 理论与科学研究的分析

科学研究的目的是寻求带规律性的真理，从而解释和指导我们的实践。而真理的重要表现形式之一就是我们常常说的科学理论。因而，从另一个角度来说，科学的目的就是识别、论证和构建理论。

理论是人类对某一事物或事物的某一方面提出的一个系统看法，目的是对事物的现象和因果关系做出系统合理的解释，以指导未来的实践。理论是基于对过去总结的基础上提出来的推断。它包括一些特有的定义、抽象构建、关键词以及通过假设、观察、论证而得出的有关现象和因果关系的一系列相互关联的结论。

理论的价值在于它对事物的解释力和对未来的指导意义。美国教育哲学家杜威有一句名言："学问的价值在于对未来事物的预知。"一位知名的法国科学哲学家也说过，科学的力量在于它能够将纷繁复杂的大千世界的一些现象用几条简单的人们能够懂得和掌握的原则(或公理)总结出来，并以此指导未来的实践。

这些定义和总结揭示了理论的价值所在，简单性、系统性、准确性和预测性是好的科学理论的重要标准。而好的预测性，正是检验理论的试金石。

一般来说，理论有自己的结构，它的基本概念的定义、它所描述的因果关系和各层因果关系之间的错综复杂的关系，都必须有清楚无误的交代。

例如，众所周知的马斯洛行为理论，是由几个相关的关键因果关系的定义所组成的。

(1)人的行为源于人为了满足心理需求的不足而产生的内生动力。

(2)人的心理需求是由从低到高的五个层次组成的，即生理需求、安全需求、群体需求、尊重需求和自我实现需求。

(3)人们必须先满足低层次的需求，才会对高层次的需求有愿望。因而，在满足高层次的需求前，低层次的需求更有决定性的作用。

其中，心理需求、行为、动力、层次等都是理论本身有特定含义的关键词，是可以进行测量的。同样，牛顿三定律也是互相独立又相互关联的三句话。

(1)惯性定律。

(2)作用力等于反作用力定律。

(3)物质的质量大小与加速度成反比定律。

每一句话描述一种因果关系或一个事实，可以定义、测量和验证。在验证之前，是假设；在验证之后，是理论陈述。几句相关的陈述，描述出了一系列相关的因果关系，就是我们常说的理论框架。

理论具有简洁、系统、可测、有结构的特征，这些特征使学习、论证和掌握理论变得简单可行，给实践也带来了极大的好处。

在大千世界中，虽然理论很多，但不是所有的理论都是思维缜密、定义清晰、对事物能提供系统解释和预测的，也并不是所有的理论都是真正的科学理论（有因果假设但没有经过严格的科学论证的理论）。但不管是什么理论，都不可能是永恒的真理。科学的发展（基因对疾病的决定性）、人类观察工具和观察能力的改进（如伽利略的天文望远镜证实了地心说的谬误）、理论条件的不同（不同温度、压力下化学变化的不同）、外部客观世界的变化（牛顿力学在物质光速运动时就不适用）等都会使理论发生变化。

科学研究与理论有着密切的关系，它是一个探索、验证和构建理论的过程。从定义上来说，研究是一种系统的、经验性的和严格控制条件的对某一事物或现象的探究，其目的是甄别事实和现象以及各种现象之间的关系。之所以是系统的，是因为研究追求创建或验证理论；之所以注重经验，是因为研究讲的是科学的方法；之所以注重用实验的方法来严格控制条件，是因为要排除竞争性的因果关系解释，找出事实的根本原因。研究的过程包括选题或是研究方向、文献综述、提出一系列相关的假设（每一个假设都是我们在理论中所说的因果关系的陈述，一系列假设合在一起就是一个理论框架），然后进行数据收集和数据分析。因此，在研究过程中，图书馆、计算机、统计知识、访谈技巧都可算作研究工具，除此之外，还有逻辑理性，这是一种思维过程，强调思维的前后连贯性，结论从前提中自然和必然地出现。古希腊哲学家的三段论推理，就是逻辑思维的一个良好的注解。

三段论有大前提、小前提和结论，包括两种逆向的逻辑思维形式，即归纳法和演绎法。归纳法的过程是从特殊到一般，试图从许许多多的个案中，归纳出一个一般性的普遍真理；而演绎法则从一般到个别，从普遍真理出发来证明个别的真实性。归纳法和演绎法的具体例子如下。

（1）归纳法。

大前提：柏拉图是人。

小前提：柏拉图的生命不是永恒的。

大前提：亚里士多德是人。

小前提：亚里士多德的生命不是永恒的。

结论：所有人的生命都不是永恒的。

（2）演绎法。

大前提：人的生命都不是永恒的。

小前提：亚瑟王是人。

结论：亚瑟王的生命不可能是永恒的。

从这两个逻辑思维的过程来看，归纳法需要许许多多的事实，但即使提供了一万个事实，最后在做结论时还会有人提出第一万零一个可能是不同的。

而演绎法则相反，先从普遍真理出发，如果根据现有的知识、过去的经验、前人的教导或推测假设等，能够接受大前提“人的生命不是永恒的”，进而接受小前提“亚瑟王是人”，你就很难否定结论“亚瑟王的生命不可能是永恒的”。

因为演绎法具有结论的必然性和证伪的可能性，所以它的思维程序在研究中得到了普遍的运用。在对事物完全不了解的情况下，实证研究要从个别到一般，使用的是归纳法的逻辑过程。但在对事物有了一定了解的情况下，人们立刻在过去知识的基础上，应用想象的空间，构建和假设好理论结构，设计实验或收集数据来证伪，也就是说给理论找碴儿。如果我们经过努力找不出问题，那么就可以接受这个理论，直到它被证伪。否则，理论需要不断被修正、改造和重建，再通过科学研究进一步确定。人类的知识海洋，就是在这种实证和想象的不断互动中积累和扩大的。

第三节　自然科学与社会科学的关系

科学的发展和对人类进步的推动，特别是近现代科学在改变人类生活方式和质量方面所表现出来的强大力量，使人们对科学产生了前所未有的崇敬。经典力学、量子力学、化学、医学、地质地理学、电子科学、计算机技术、生命科学等在近几百年里给人类社会带来的变化远远超过人类几千年文明的演化和进步。它们不但改变了人类的经济活动，如生产和交换的方法，也改变了人类的社会关系。例如，在社会关系上，生产力的发展使福利国家的概念成为可能，网络技术的发展减少了距离和空间的约束。科学技术的成功不但使许多优秀人才投身科学，也使许多立志改造社会的社会科学学者对科学高度重视。他们崇尚科学的力量，学习科学的成就，探求科学成功的秘密，将科学的方法借鉴到社会科学的领域，来研究人与人、人与社会和社会与社会之间的关系。

较早提出经验主义研究方法(即早期的科学研究方法)的是英国哲学家弗朗西斯·培根(Francis Bacon，1561—1626)，他被称为经验主义大师或科学革命的倡导者。他提倡重视用归纳法收集经验性数据和调查研究的程序。这种思想不满足于西方传统的仅仅停留在演绎推理的思辨和理论探讨上，将经验主义思想(后来被发展衍生为实证主义)推到了历史的高峰。他认为，哲学满足于用演绎法来解释自然是不够的。哲学家也应该用推理的方法，从事实开始，寻求公理和法则。在收集事实之前，研究者可以自由思考，甚至有错误的概念，但是，演绎法最终需要有事实的支持。培根清楚地将宗教和哲学分开，他认为，宗教信仰的基础是天启（上天的启示或突然的觉悟），因而是非理性的；而哲学的基础则是理性，需要依靠经验主义的方法来支持。

另一个与现代科学方法在社会科学中的使用有重要关系的人是大卫·休谟（David Hume，1711—1776）。休谟是苏格兰哲学家、经济学家和史学家，被认为是西方哲学史和苏格兰启蒙运动最重要的人物之一。休谟是现代时期第一个伟大的自然哲学家，拒绝传统哲学中普遍认可的人的思想是神的思维的微缩版本，因而人对现实的理解力有上帝的意志和力量，值得完全信赖的认知。他认为，对人的思维现象和能力的认识应该来自经验性的分析。人不是上帝的人，而是科学的人。

奥古斯特·孔德（Auguste Comte，1798—1857）是法国思想家，实证主义的先驱，社会学这个词的创造者，第一个西方社会学家。他被认为是第一个将科学的方法使用在社会科学领域里的人，也是现代结构主义的创始人。他强调使用计量和数学的分析方法，同时意识到计量方法在描述社会问题上的局限。他强调理论与实践之间的互动和循环，这是现代全面质量管理的认识基础。

实证主义的哲学思想认为，最具有权威性质的知识是科学知识，必须通过严格的科学方法对理论思想进行实践检验和论证。当时有不少思想家和学者认同孔德的观点，孔德是第一个将实证主义哲学系统理论化的人。

在三段论中，孔德指出，社会以至每一个学科的知识都经过了三个阶段的发展，即神学阶段、形而上学阶段和实证阶段。

神学阶段是19世纪的法国和其他许多国家的传统思维方式。万事万物都由神或超自然的力量的存在来解释，包括人与人之间的关系、在社会中的地位、社会对人的束缚等。人们盲目地相信先辈的教导和神的力量。

形而上学阶段时，人们开始注重理性对自然的解释。有人认为，他的形而上学与古希腊哲学家用金木水火土等几大元素来解释万物世界有关；也有人认为，他主要是指法国革命后，或是文艺复兴运动后，人们对最高统治特权的质疑，认为应该有比统治者权力更高的一种抽象但理性的力量来解释和主宰世间万物。因此，这一阶段也被认为是思辨的阶段。虽然人们开始信仰理性的力量，但还没有找到最合理和实际的解释方法。孔德将形而上学阶段描述为启蒙运动后到法国革命这一时期，表现为强势的逻辑理性主义，并认为人具有普遍的神圣不可转让的权利，必须得到绝对的尊重。民主或是专制的起落取决于他们是否能够捍卫和保护人的权利。

孔德三段论的最后阶段是实证阶段，也就是科学的阶段。此阶段注重用事实来解释世间万物。人们也可以用事实的力量来解决他们面临的问题，不只是依赖上帝预言和启示。因为人的权利和需要就是最高的召唤，是可以通过经验实证来了解的。

孔德还提出“百科法则”，认为所有的学科可以系统地按等级划分，包括无机物理学（天文、地学和化学）和有机物理学（生物学和社会物理学，后被冠名为社会学）。

他认为，社会学是一个最新、最伟大的科学，是所有科学之首，是可以将所有学科融会贯通的学科。而他的实证主义的哲学思想使人们开始认真考虑理论、实践和人对自然世界认知之间关系的重要性。

在孔德的时代，他的思想还是受到了质疑。因为他把实证主义提高到宗教信仰的高度，并认为自己是实证主义的教父。当然，他有很多的支持者和同盟军。在他的《实证主义的一个一般性观点》（*A General View of Positivism*）出版后不久，不少人也试图做出他们自己的实证主义的定义，著名的人物包括对法国革命思想有重要影响的作家爱弥尔·左拉（Émile Zola）、法国出版商和作家爱弥尔·衡乃群（Emile Hennequin）、德国语言学家威廉·舍雷尔（Wilhelm Scherer）等。

德国大哲学家伊曼努尔·康德（Immanuel Kant，1724—1804）也曾用实证（positivism）一词，但用意几乎是相反的。康德把宗教分为实证宗教（权威来自人）和自然宗教（权威来自超现实的力量）。他认为，宗教的权威不应该来源于人的实证经验，而应该来源于那些可以通过理性获得的普遍真理。

到了近现代，实证主义的思想依然具有强有力的支持者。霍金认为，任何好的科学理论，不论是有关时间或其他别的什么概念，都应该基于可操作的科学哲学，即卡尔·波普（Karl Popper）等提出的实证方法。根据这个思维方法，科学理论就是一个用数学模型来描述和表达的对事物的观察。一个好的理论可以用很少的几个原理来描述大量的现象，并做出可被检测的、准确的预测。如果一个人认为自己是实证主义者，那么，他就不能简单地说现在实际上是什么时间，他应该找出一个数学模型来描述这个时间，并且说明对时间描述的准确性。

实证主义者被描述为一个认为所有真的知识都是科学的、所有的一切都可以被测量的学派。事实上，在近现代，实证主义也随着科学的发展有了自己新的认知。传统上，基于启蒙运动时期重新拾起的人文精神和对人自身能力的主观自信，实证主义者认为人对自然环境和自身的认知能力是强大的，世间的真理都可以通过实证来证实，因而只有经过经验检验的理论才是可以接受的科学理论或真理。科学的不断发展，使实证主义者意识到，尽管科学已经有了相当的能力，但还是有科学的工具和能力不能证实或证伪的真理存在。所以说，不能完全排除通过非理性达到真理的可能。这就是所谓后实证主义对传统实证主义的修正。它重实证，又不唯实证，是认知过程的一个进步。

有了经验主义和实证主义对科学的推崇以及后人对科学方法的哲学认识后，将科学方法应用到社会科学领域就顺理成章了。他们可以通过观察、假设和实验、记录、发现、寻找和报告实验现象，对研究现象提出系统的解释来研究人、人与社会、人与环境的关系和本质。除了培根、孔德、休谟等外，马克思和恩格斯的科学社会主义、乌托邦社会主义者的大同世界的科学社区计划、洛克的实证主义的政治理论、亚当·斯密的社会分工提高社会效益的理论等，都从不同的侧面推动了科学方法在社会科学领域中的使用。

19 世纪中下叶，政治科学、社会学、心理科学、人类学、经济学、教育、地理、法律等社会科学系，都相继建立并得到了长足的发展。特别是 1856 年哥伦比亚大学成立的政治科学系，1890 年堪萨斯大学、芝加哥大学等设立的社会学系，1892 年芝加哥大学成立的经济系，都具有德国传统，在社会科学领域处于领先地位。

自 20 世纪以来，传媒与沟通、公共管理、信息科学、国际关系、社会生物学等社会科学取得了长足发展。在这些社会科学领域，既用传统的研究方法也用科学的现代研究方法，特别是 20 世纪 30 年代发展起来的行为学派注重实证主义的方法，使实证性的科学研究在社会科学领域得到了极大的推广，从而成为现代科学研究领域中必不可少的重要组成部分。

第四节　公共管理与科学方法

公共管理学科研究大规模协调人类共存与合作，具有社会管理工程特性。它是一个既古老又年轻的学科。说它古老，是因为它与人类文明相伴。它帮助人类创造了人类文明，是人类文明的舞台。底格里斯和幼发拉底两河流域的城邦国、中国的商周之礼和秦汉以来的文治武功，都有公共管理雏形的烙印。说它年轻，是因为它又是与现代技术、现代理念和社会进步息息相关的、与时俱进的学问。历史上，它有过数次历练与重生的经历。

科学的精神有两重含义。第一，认为世界是物质的，人是物质世界中一个神圣的组成部分，因而他们的需要、生命和权利就是现实世界里最高的召唤，而不是传统认为的神或其他超自然力量。第二，既然世界是物质的，人的需要、生命和权利是最高的召唤，这种物质世界就是可知的，可以通过科学的方法来了解和解释。因而，知识的源泉是实践，知识是可以通过经验实证来验证的。公共管理是实践性很强的学科，它从传统的政治学象牙塔中分离出来，另立门户，原因就是传统的理论渐渐沉溺于远离现实、有模式但不能应用、能引起兴趣但不可能有结果的抽象世界中，不能满足解决迅速发展过程中涌现出来的许许多多的现实社会问题的需要，因而实践性较强的公共管理学科就此诞生。从这个意义上来说，现代公共管理也是现代科学思想的结晶，它追求的是，将传统的成功率不高的管理方法从杂乱无序的状态中解放出来，将它们建立在坚实的以科学为基础的原则之上。

不同的现代学科，都在不同程度上接受了科学的方法。它们的不同之处就像科学中的不同学科一样，是研究对象的不同，而不是方法的不同。每个学科或许有它们在研究某一个问题上开发出来的特定的研究工具，但这种研究工具可以被别的学科很快学会，用来研究它们自己的问题。例如，天文望远镜的原理在医学上的应用可以是显微镜。从这个角度来看，我们所谈的方法并不是某一个学科所独有的方法，它是一个思维、观察、推断、测量、验证和解释的认知过程，为许多现代学科所共有。不同的学科有不同的研究对象和重点，但这一认知过程却大同小异。因而，严格来说，本书探讨的是科学的研究方法在公共管理领域的应用，而不是公共管理独有的研究方法。

假设的思辨、演绎和推理的逻辑在古希腊就有；数学几何的测量方法，从有数学开始就存在；实验的方法在物理、化学等自然科学领域早就存在；理论和系统化的解释，正是科学和哲学的最终追求。在学科发展过程中，学科中的优秀分子在不断开拓学科前沿的过程中，也常常自己设计工具，在方法的领域对整个科学界作出贡献。

公共管理学科追求用公共政策和公共管理的方法，来解决人与人、人与社会、社会与社会甚至社会与环境之间的问题，是博大的领域，既需要从所有学科的知识库中汲取养料，也需要对特定的问题开发出自己独有的方法。如果说传统政治学注重政府的价值观念和权力导致的利益分配；传统经济学注重合理利用资源要求产出的最大化；传统心理学注重人的感受和感知对外界的影响力；传统法学注重判例；历史学注重历史事实和结果；社会学注重对社会现象的了解，那么，公共管理注重的就是人与人、人与物、人与环境之间互动效益的协调。用一个比较简单的比喻就是，如何发挥人的主观能动性，运用一切可以使用的技术，以达到一加一大于二的效果。

举例来说，当两个人合力搬一块石头时，如果两人协调不好，互相向相反的方向用力，合力的结果可能是零。如果用力方向有一个角度，合力的结果是大于一小于二。只有同心协力向一个方向使力时，合力才会等于或趋近于二。当使用技术时，如第一个人指挥，第二个人用杠杆或起重机，合力的结果就远远大于二。一个组织的存在，至少要有一加一大于一的效果，否则，组织的存在就没有意义了。公共管理的核心问题也就在于此。大则是国家的组织和运行，小则是小组、社团或基层组织的运行，当然，在追求效率的同时，不可忽略目标、文化环境、经济能力、人力资源和自然资源能力、历史传承、行为习惯等，这就是公共管理与姐妹学科之间的关系。它需要所有学科知识的支持，来完成自己的宏大的学科使命。它是一个有内核但没有边界的致力于解决现代社会问题的大学科。

第二章　管理与定量分析探究

本章主要探究管理与定量分析的基本内容，主要包括管理与定量概述、管理定量分析的主要理论基础、管理定量分析的主要步骤、管理定量分析的主要内容、管理定量分析的应用。

第一节　管理与定量概述

一、管理、决策与定量分析

管理，顾名思义，既管又理，就是通过计划、组织、控制、激励和领导等环节来协调人力、物力和财力资源，以期更好地达到组织目标的过程。这个定义包含三层含义。

(1)管理的五大基本职能是计划、组织、控制、激励和领导。计划职能就是根据对未来趋势预测的结果，制订各种方案、政策和达到的目标以及具体步骤。组织职能是指为实施计划而建立起来的一种结构和为实现计划目标而进行的组织过程。控制职能是与计划职能紧密相关的，包括制定各种控制标准、分析并纠正工作上发生的偏差、确保实现组织目标。激励和领导职能主要涉及组织活动中人的问题，研究人的需要、动机和行为，指导、训练和调动他们的工作积极性，解决各种矛盾，保证各单位、各部门之间信息渠道的畅通无阻。

(2)管理的手段和方法是利用五大职能协调组织的人力、物力和财力等各种资源。

(3)管理的根本目的是使整个组织活动更加富有活力和成效，达到组织的根本目标。

决策思想和方法在我国古代的典籍早有记载，如《史记·高祖本纪》：“夫运筹帷幄之中，决胜于千里之外，吾不如子房。”这里的“运筹”就是决策。用英语来说就是“decision-making”，这个词首先是由美国管理学者巴纳德(Ch. Baruard)和斯特恩(E. Stene)等人在其管理著作中采用的，用以说明组织管理中的分权问题。因为在权力的分配中，作出决定的权力是个重要问题。后来，美国著名管理学家赫伯特·A. 西蒙(H. A. Simon)进一步发展了组织理论，强调决策在组织管理中的重要地位，提出了“管理就是决策”的著名观点。决策的含义究竟是什么呢？应当说对其内涵的理解也是逐步加深的。从字面上来讲，就是“作出决定”，俗称为拍板。其含义是在几种方案中选择其一，犹如人到岔路口，决定要走哪一条路一样。这是对“决策”概念最狭义的理解。实际上，任何人作出任何决定都包括明确问题或目标、提出解决问题或达到目标的各种可行性方案，然后从中选择一种解决问题或达到目标的最优方案等一系列的活动过程。作出决定或拍板是指对各种方案的抉择。因此，决策可以定义为：决策是为了按预期的目的去完成某项任务或解决某个问题，运用各种方法，在系统地分析了主客观条件之后，考虑到未来的状态，根据决策准则，对提出的多种可行性方案进行优选评比，选择合理方案的一个分析过程。

综上所述，决策是管理中经常发生的一种活动，也可以说，决策是贯穿管理全过程的活动，凡是有管理的地方一定存在决策。管理和决策的过程主要有三个阶段：第一个是问题形成阶段，包括认清和找出问题，找出解决问题的多种方案，确定目标和形成评价方案的准则；第二个是分析问题阶段，包括评价和选择最佳方案；第三个是组织实施阶段。第一和第二个阶段是决策的关键阶段，在传统管理中主要依靠管理者的判断能力和经验，也就是说侧重于定性分析，这对于不太复杂的管理问题有时是一种很好的方法。但随着科学技术的发展和社会生产力的提高，人类拥有的财富不断丰富，事物之间的相互关系日益增强，世界变得越来越复杂，这是不以人的意志为转移的。面对这种复杂性的挑战，现代管理决策就不能主要依靠于定性分析，而必须倚重于定量分析，也就是说，定量分析在现代管理中扮演着十分重要的角色。

所谓管理定量分析，是指一种管理决策的科学方法，它从能刻画问题本质的数据和数量关系入手，建立能反映事物本质特征的模型，运用各种数量方法对数据进行加工和处理，获得解决问题的最佳(或满意)方案及形成对人们有用的信息。

现代社会分工越来越细，新鲜事物越来越多，社会价值观分化越来越明显，社会阶层分化日益凸显，人与人之间的关系越来越复杂，事物之间的联系也越来越复杂，整个社会经济都呈现出多元化态势，这给管理者和决策者提供了前所未有的新情况和新环境，也提出了更高的要求。在现代管理中，为了提高决策者和管理者的决策能力，不仅要在专业学习和实践中积累经验，提高定性分析的能力，还必须学习和掌握定量分析的思想与方法，提高定量分析问题的能力和对数量的敏感度。尤其是在当前我国社会经济转型时期，在国民经济与社会发展的快速增长时期，无论是企业还是政府，在管理中都需要学会和掌握更有效地解决复杂问题的新本领和新手段。学习定量分析方法，是提高处理管理中复杂问题的能力的有效途径。

二、管理定量分析的发展

现代管理定量分析借助于经济学、数学、计算机科学、统计学、概率论以及帮助决策的决策理论来进行逻辑分析和推论。但早期的管理推崇经验科学的研究方法，把观测、实验、对比、抽样、案例、访谈、调查等方法，作为主要的定量分析方法。从管理定量分析的发展过程来看，主要有三大来源：军事、管理、经济。

（一）定量分析思想在古代军事中的实践

定量分析思想在我国古代军事实践中有很多经典案例。1981 年美国军事运筹学会出版了一本书，书中第一句话就是说孙武子是世界上第一个军事运筹学的实践家，并给予高度评价，认为中国古代的《孙子兵法》在质的论断中渗透着量的分析。此外，中国古代定量分析思想的例子还有很多，如田忌赛马、围魏救赵、行军运粮等。

国外历史上阿基米德、伽利略也都研究过作战问题。第一次世界大战时，英国的兰彻斯特(Lanchester)提出了战斗方程，指出了数量优势、火力和胜负的动态关系；美国的爱迪生为美国海军咨询委员会研究过潜艇攻击和潜艇回避攻击的问题。

（二）管理定量分析在近现代的发展

管理定量分析在 20 世纪得到了前所未有的发展，在第二次世界大战期间及以后，吸取了一些新兴学科如系统工程、运筹学、现代管理学的成果快速发展起来。它在管理、经济等方面都有很好的进展，下面主要通过一些应用和发展案例来介绍管理定量分析的成就。

1. 管理方面

在管理方面，有大量的定量分析方法出现，如泰罗对工人时间动作的研究、甘特用于生产计划与控制的“甘特图”、吉尔布雷思夫妇的动作研究等。

1909 年至 1920 年间，丹麦哥本哈根电话公司工程师爱尔朗(Erlong)陆续发表了关于电话通路数量等方面的分析与计算公式，尤其是 1909 年的论文《概率与电话通话理论》，开创了运筹学的重要分支——排队论。

20 世纪 30 年代，苏联数理经济学家康托洛维奇从事生产组织与管理中的定量化方法研究，取得了很多重要成果。1939 年，出版了堪称运筹学先驱著作的《生产组织与计划中的数学方法》，其思想和模型被归入线性规划范畴。1947 年丹齐格发表了其在研究美国空军军事计划时提出的求线性规划问题的单纯形方法，极大地推动了线性规划的发展。

2. 经济及其他方面

1932 年，冯·诺伊曼(Von Neumann)提出一个广义经济平衡模型；1939 年，他提出了一个属于宏观经济优化的控制论模型；1944 年，他与摩根斯坦(Morgenstern)共著的《对策论与经济行为》开创了对策论分支。

20 世纪 40 年代，美国贝尔电报电话公司首次用“系统工程”来命名横贯美国东西海岸的无线电微波通信网络工程。在筹备和建立这项无线电微波通信网络时，为了提高整个网络的功效和缩短科学技术从发明到投入使用的时间，采用一套新系统方法来研究这项巨大工程，取得了很大成功。

美国阿波罗计划是一项规模庞大、结构复杂的大系统开发项目。这样大的工程项目，全部构件达 3 000 万个，调动了 20 000 多家公司、工厂和 120 所大学实验室的 42 万多名研制人员，耗资 300 多亿美元，历时 11 年，终于获得了圆满的成功。这个空前未有的创举是成功运用系统工程的典型例子。

进入 20 世纪 70 年代以后，定量分析方法得到蓬勃发展，其适用范围超出了传统分析方法的概念。从社会学到自然科学，从经济基础到上层建筑，从城市规划到生态环境，从生物科学到军事科学都需要定量分析方法。但是，系统工程、运筹学、现代管理学作为新兴的综合性的边缘科学群体，在理论上、方法上和体系上都处于发展之中，因此，定量分析方法在未来将需要在实践和理论方面不断推进与发展。

第二节　管理定量分析的主要理论基础

管理定量分析吸收和借鉴了许多学科的研究成果，尤其是在近现代科学技术的发展成果中，数理统计学、系统工程、运筹学和管理学的数量化方法为管理定量分析提供了重要的工具和方法。事实上，这些学科的发展既得益于其他学科的发展，如预测学、经济学、心理学和计算机等学科，又表现为相互渗透、相互促进、相互交融的特点，所以管理定量分析与这些学科之间是一种既交叉渗透，又各有侧重、各有分工的关系，管理定量分析的发展会推动其他学科的发展，相关学科的发展也会为管理定量分析提供更多的思路和方法。因此，管理定量分析的主要理论基础为数理统计学、系统工程学、运筹学和管理学。

一、数理统计学

数理统计学的创始人是19世纪比利时的凯特勒（A. Quetelet，1796—1874）。他把概率论引入了社会科学的研究中。他最先提出，用数学中的大数定律——平均数定律作为分析社会经济现象的一种工具，并提出社会现象的发展并非偶然，而是具有其内在规律性。凯特勒写过不少运用概率论的著作，如《社会物理学》。到19世纪60年代，他又进一步将国势学、政治算术、概率论的科学方法结合起来，使之形成近代应用数理统计学。

其后，经过多方面的研究，特别是数理统计学吸取生物学研究中的有益成果，由高尔顿（F. Galton，1822—1911）、皮尔逊（K. Pearson，1857—1936）、戈塞特（W. S. Gosset，1876—1937）和费希尔（R. A. Fisher，1890—1962）等统计学家，提出并发展了回归和相关、假设检验、χ^2 分布和 t 分布等理论，数理统计学逐渐发展成为一门完整的学科。

由于数理统计方法在社会实践中的广泛应用，对社会统计学产生了深刻的影响，而且很快地应用于自然技术领域，促进自然技术统计学的形成与发展。列宁十分重视统计在社会主义管理中的作用，他写过一篇名为《统计学和社会学》的文章，对统计学做了十分精辟的论述。列宁被称为社会主义统计的奠基者，他在开展社会主义统计工作和发展马克思列宁主义统计学方面做出了许多重要贡献。

由此可见，数理统计是适应社会政治经济的发展和国家管理的需要而建立起来的，作为统计实践经验的理论概括——数理统计学，其发展是和社会生产力的发展紧密联系在一起的。可以说，统计工作的手段和方法反映着一个企业以至一个国家的科学管理水平。

二、系统工程

系统工程是以系统为研究对象的。事实上，我们对系统这个词并不陌生，例如人体有呼吸系统，通信联络要通过邮政系统、电话系统等。总之，凡是由两个或两个以上可以互相区别，而又存在一定联系的元素（或称要素）组成具有某种特定功能的集合体，就是系统。系统是一个普遍的社会存在，自然界有，社会中也有，如太阳系、银河系、原子核结构系统、生命系统等都是自然系统。它们是天然形成的，而在现代社会中，人类为了实现某种目的，有组织、有计划地建立了很多系统。例如，政府就是这类系统的典型例子。它由不同的人、财、物、信息等组成科室、部门，它们之间相互独立，而又在政府管理中形成一个有序的整体，各自发挥不同的职能，最终完成一个共同的目标——为社会提供公共产品和公共服务。实际上，大多数系统都是由人造系统和自然系统相结合而成的复合系统。在这些复合系统内，既有人为组织和控制的一面，又有不以人的意志为转移的客观规律性。正如一般系统论创始人冯·贝塔朗菲(Von Bertalanffy)所指出的："无论如何，我们将被迫在知识的一切领域中运用'整体'或者'系统'来处理复杂性问题，这将是对科学思维的一个根本改造。"应当指出的是，系统工程所研究的系统是指人造系统和复合系统，一般的自然系统不在系统工程的研究范围之内。从这种含义出发，系统具有以下特征。

(1)系统的集合性。任何系统都是由两个或两个以上的元素组成的集合体，各元素之间相互区别，又各自独立。

(2)系统的层次性。一般来说，系统由若干子系统构成，这些子系统又由更小一点的分系统组成，而这个系统又从属于更大的母系统。这样，系统之间就形成了一种多级递阶层次结构。

(3)系统的相关性。系统元素之间或子系统、分系统之间有相互依赖的特定关系，依靠这种关系，系统元素之间构成一个有机的整体。

(4)系统的目的性。凡是人造系统和复合系统都有特定的目的，这也是区分和评价系统的主要依据。

(5)系统的随机性。系统工程所研究的系统都是多输入多变量的系统，这些参数在时间、空间和数量上的变化是随机的，因此系统的变化带有随机性。

(6)系统的适应性。任何系统都生存、活动在一定的环境之中，系统与环境之间相互作用，相互影响。为了保持系统原有的功能，系统要有适应环境变化的特殊功能，例如自适应系统、自学习系统等。

随着人类活动变得日益多样化、复杂化和高级化，要想实现人类的某一目标，不是一个人或少数几个人能够完成的，往往需要大量的人、设备、资源等的高度组织和配合，这种组织的集合体就是实现某一特定目标的人造系统或复合系统。在这样的系统中，包含着人和物的多层次复杂关系，它们之间相互作用、相互影响、相互制约。如果把它们机械地凑在一起，系统只能是个别事物的集合，就会丧失应有的功能而成为一堆废物；如果把它们有机地组合起来，协调它们之间的关系，能使系统中各元素各部分不仅完成本身应担负的任务，还与其他元素和部分有效配合，以最优的方式达到整个系统的目标。"系统工程学就是为了研究多个子系统构成的整体系统所具有的多种不同目标的相互协调，以期系统功能的最优化、最大限度地发挥系统组成部分的能力而发展起来的一门学科。"因此，它是一种设计、规划、建立一个最优化系统的科学方法，是一种为了有效地运用系统而采取的各种组织管理技术的总称。

系统工程与运筹学的关系极为密切，运筹学是系统工程的主要理论基础。截至目前，还有少数数学工作者并不认为有必要把运筹学与系统工程严格分开，他们认为运筹学与系统工程无论从思维过程，还是采用的方法都极为相似，只不过现代系统的发展已使系统工程的适用范围更广泛了。无论怎样评价这两门学科的关系及其今后的发展，目前谁都不否认运筹学是系统工程的主要理论基础。运筹学的各个分支，如整数规划、网络分析、排队论、存储论、决策论、对策论等仍然是处理系统优化的主要技术手段。

三、运筹学

运筹学作为一门学科出现在 20 世纪 30 年代末。学界至今对其还没有一个统一的定义，下面提出几个定义来说明运筹学的性质和特点。莫尔（P. M. Morse）和金博尔（G. E. Kimba11）1976 年在《系统分析与运筹学》一文中对运筹学下的定义是，为决策机构在对其控制下业务活动进行决策时提供以数量化为基础的科学方法。这一定义强调以量化为基础的科学方法。另一定义是，运筹学是一门应用学科，它广泛应用现有的科学技术知识和数学方法，解决实践中提出的专门问题，为决策者选择最优决策提供定量化依据。这一定义表明运筹学具有多学科交叉的特点，强调最优决策。实际上，任何决策都包含定量和定性两个方面，而定性因素是难以简单地用数学表示的。最优决策过分理想化，往往用次优、满意等概念代替最优比较可行。因此，运筹学的又一定义是，运筹学是一种给出问题坏的答案的艺术，否则的话问题的结果会更坏。由此可见，运筹学的性质与特点可概括为：①应用数学方法解决实际问题，具有定性与定量方法结合的特点；②从全局考察问题，重视系统与整体性的特点；③具有交叉学科的特征，主要涉及经济、管理、数学、工程和系统等多学科；④开放性，随着社会经济的发展运筹学不断解决新产生的问题和出现新的学科分支；⑤运筹学具有众多分支，这主要是因为其所研究的问题具有复杂性和多样性；⑥应用性广泛，运筹学源于实践、为了实践、服务于实践。

为了有效地应用运筹学，前英国运筹学会会长托姆林森提出了以下六条基本原则。

（1）合伙原则。运筹学工作者要与实际部门工作者合作。

（2）催化原则。在多学科共同解决问题时，要引导人们改变一些常规的看法。

（3）相互渗透原则。要求部门之间相互渗透地考虑问题，而不是只局限于本部门。

（4）独立原则。在解决问题时，不应受某人或某部门的特殊政策所左右，应独立从事研究工作。

(5)包容原则。解决问题的思路要宽、方法要多，而不是只局限于某种特定的方法。

(6)平衡原则。要考虑各种关系、矛盾的平衡，各种因素的权衡。

运筹学的主要分支有线性规划、非线性规划、目标规划、整数规划、动态规划、图论、网络计划技术、排队论、存储论、对策论、决策论和多目标决策等。

四、管理学

管理学是一门综合性、实践性很强的学科，它既是一门科学，又是一种艺术。之所以说它是科学，是因为它所遵循的原则和使用的方法不仅有普适性，而且反映了客观规律；之所以说它是艺术，是因为需要丰富的经验和处理人与人之间关系的能力和技巧才能在实践中取得成功。

一般来说，现代管理学具有以下特点。

(1)一般性。管理学是研究所有管理活动中的共性原理的基础理论学科，管理学是各门具体的或专门的管理学科的共同基础。

(2)多学科性，或综合性。管理学的综合性表现为：在内容上，它需要从社会生活的各个领域、各个方面以及各种不同类型组织的管理活动中概括和抽象出对各门具体管理学科都具有普遍指导意义的管理思想、原理和方法；在方法上，它需要综合运用现代社会科学、自然科学和技术科学的成果，研究管理活动过程中普遍存在的基本规律和一般方法。管理活动是很复杂的活动，影响这一活动的因素是多种多样的。搞好管理工作，必须考虑到组织内部和组织外部的多种错综复杂的因素，利用经济学、数学、生产力经济学、工程技术学、心理学、生理学、仿真学、行为科学等研究成果和运筹学、系统工程、信息论、控制论、电子计算机等最新成就，对管理进行定性的描述和定量的预测，从中研究出行之有效的管理理论，并用以指导管理的实际工作。因此，从管理学与许多学科的相互关系来看，管理学是一门交叉学科或边缘学科，但从它又要综合利用上述多种学科的成果才能发挥自己的作用来看，它又是一门综合性的学科。

(3)历史性。任何一种理论都是实践和历史的产物，管理学尤其如此。管理学是对前人管理实践、经验和管理思想、理论的总结、扬弃和发展。割断历史，不了解管理历史发展和前人对管理经验的理论总结，不进行历史考察，就很难理解和建立管理学的依据。

(4)实用性，或实践性。管理学是为管理者提供从事管理的有用的理论、原则和方法的实用性学科。管理的实践性表现为它具有可行性，而它的可行性标准是通过经济效益和社会效益来加以衡量的。因此，管理学又是一门实用学科，只有把管理理论同管理实践相结合，才能真正发挥其作用。

(5)强调系统化。运用系统思想和系统方法指导研究管理实践，把组织看作一个整体，同时也是一个子系统。

传统科学方法论有两大弱点：一是把复杂事物归结为简单事物；二是割裂不同层次事物之间的联系。而系统观点则认为任何组织都是由若干不同的基本概念组成的概念网络，构成整个概念体系，各概念间存在互补、竞争，甚至对抗的关系。

(6)重视人的作用，强调创新。现代管理把人放在中心，研究人的合理需要的满足，重视人的发展，把人当作组织的目的。管理作为理论需要不断更新和发展，这非常重要。因此，管理和管理学都需要创新。

第三节 管理定量分析的主要步骤

一、管理定量分析的主要程序

管理定量分析作为一门学科，在解决实际问题的过程中必须遵循科学的程序，通常分为四个方面：一是从问题的出现到认清问题；二是理论或模型的建立；三是理论与实际问题的结合，并力图从理论方面解决问题；四是用理论研究的结果指导实际问题的解决，并将实际发生的情况与理论进行对比分析，对理论进行修正，如此反复不断促进理论与实践的升华。管理定量分析的工作步骤具体有以下几个方面。

1. 确定问题，定义问题，要求问题必须清晰、明确、可测

任何决策问题在进行管理定量分析之前都必须进行定性分析。一是确定决策的目标，明确主要解决什么问题，评价和衡量目标的准则是什么；二是分析和确定解决问题的关键因素，分清问题的主要矛盾和次要矛盾，分析各种因素之间存在的关系及所研究问题的外在环境因素，弄清分析解决问题的层次和结构，最终尽量用清晰、明确、可测的语言表述问题。

2. 建立模型

模型应该是对所要解决问题的抽象概括和严格的逻辑表达，模型建立的质量在很大程度上决定了定量分析的质量和成效。模型主要反映问题中各种变量的性质和相互关系。因此，首先，在建模时要确定影响问题目标的变量，并分清主次；其次，要在主要变量中区

分出可控制和不可控制的变量；最后，厘清各变量间的相互关系，并用数学表达式或关系图表示出来。一般来说，建模时要尽量选用数学模型，即用数学语言表达。如果问题确实很难用数学语言表达清楚，也可以考虑用关系图构建问题的模型。在进行定量分析时建模主要依靠专业知识、经验和技巧，因此建立模型不仅是科学，也是艺术。

3. 获取数据

在建立了所要解决问题的模型以后，就要通过各种途径收集变量对应的数据资料。收集资料的方法主要有两个：一是想方设法寻找现成资料，如查阅相关文献、购买和交换资料等方式；二是实地调查研究，收集第一手资料，如问卷法、观察法和实验法等。不管通过什么方式收集资料，都要确保资料的准确性、真实性和完整性，只有这样的数据才是有价值和意义的。

4. 确定求解方法，求解问题并检验所得的解

模型建立后，要做的是确定合适的求解模型的方法。对于一些解法成熟的模型可以直接应用相应的方法求解，而对于一些没有现成解法的模型首先必须研究模型的求解方法，这是一项研究性、创造性的工作。将实际数据代入模型，求出的解只能说明它是数学意义下的解，即模型解。通常，模型解并不仅仅是一个确定参数下的结果，还应该包括参数在多大幅度内变化不会对解产生影响，解的稳定性如何等灵敏度分析。此外，为了证明这个解也是实际问题的解，还必须进一步进行检验和验证。对模型解的检验和控制方法主要有两种：期待性检验和回顾性检验。期待性检验就是指将模型解的结果与正在发生和即将发生的事实进行比较，也就是说，在未来的实践中不断地进行观察和反馈，从而检验模型和它的解的方法。回顾性检验是指将历史的资料输入模型，研究得到的解与历史事实的相符情况，以判断模型和解是否正确。不管是进行期待性检验，还是进行回顾性检验，当发现所得的模型解与实际情况不相吻合时，就要对前面所有的工作进行分析，寻找出现这种误差或差错的原因，并立即进行修正。

5. 组织实施并跟踪观察、改进

根据前面的分析和结论，组织最优或满意方案的实施。这是很重要的一步，也是很困难的一步，方案只有通过实施，研究成果才有意义。在这一步中工作要求和责任人要明确，在实施前要制订详细周密的计划，要充分考虑到各种阻力和困难，并在实践中坚持观察和记录，为以后的研究打下良好的基础。因为任何问题的解决都不是一劳永逸的，这个问题解决了还会有新的问题出现。

在实际应用定量分析时，上述步骤往往是交叉反复进行的。整个定量分析的过程最重要的是建立一个用以描述现实世界复杂问题的数学模型，这个模型虽然是对现实的近似，

但它必须能精确到足以反映问题的本质，又粗略到足以求出数量上的解。因此，只有深刻领会了上述过程的实质，才能真正理解和把握定量分析的思想和逻辑，也才能掌握定量分析问题的科学方法和艺术。

二、管理定量分析过程中应该注意的问题

面对错综复杂的管理问题，定量分析给我们提供了一个解决这类问题的新视角和新手段，虽然这种手段和方法具有很多优点，但是现实问题并非都能用数据表达，有的问题只有局部可以量化，但同时也有很多方面难以量化，因此，管理定量分析并不是万能的。在解决实际问题时，管理者或决策者必须同时考虑定性和定量因素，既要进行定量分析，也要进行定性分析。一个具体的定量技术在解决实际问题时可能会因为应用不当而失败。因此，在使用定量分析技术时要注意以下六个方面。

(1)由于使用定量分析技术需要一定的资源投入，尤其是在解决一些规模较大且情况复杂的问题时不仅需要智力投入而且需要物质投入，因此在使用定量技术之前要对所需的总费用进行估计，做好充足的资金准备。

(2)在开发和实施最适合的技术方法时对时间要有充分的估计，千万不能因为时间不足而仓促进行分析。对于不成熟的技术一定要有充分的开发和论证，只有这样，定量分析的结果才能有价值，才能真正成为指导实践的理论和成果。

(3)对所定义的问题必须清晰、明确、可测，这是定量分析的第一步，是决定后续工作的关键，因此要十分重视对问题的把握。通常可以采用多种方法和途径集中各方面的智慧，获取全面的信息，对问题进行恰当的定义。

(4)在进行定量分析时不仅要强调理论，而且要强调应用。定量分析的过程是一个理论与实践相结合的过程，是理论指导实践的过程，也是从实践提升和发展理论的过程。

(5)定量分析人员要注意将定量分析的结果转化成决策者或管理者比较能理解和接受的表达形式。因为通常情况下决策者或管理者对定量分析技术不熟悉，从而对取得的结果缺乏信任，不一定愿意使用。

(6)要充分认识到定量分析技术具有的局限性。正确运用定量技术不仅要知道如何运算，而且必须熟悉它的局限性和假设条件及适用范围。定量分析技术的成功应用通常可以得到一个实时、准确、弹性、经济、可靠以及易于理解和应用的结果。

第四节　管理定量分析的主要内容

一、管理定量分析的模型分类

管理定量分析研究问题需要广泛使用模型。所谓模型，是指为了某个特定目的，对真实系统或现象所作的一种简化表述。模型具有简单和精确的特征。通常，模型的形式有三种，即形象模型、模拟模型、符号或数学模型。形象模型是对实物和实际情形的缩小或放大。模拟模型是一种具有某种性质的简单事物，可以代替具有相同性质的复杂事物。符号或数学模型是管理定量分析中最常使用的模型，下面主要介绍从不同角度对这类模型在定量分析中的分类。

(1)根据所解决问题的类型，符号或数学模型可分为统计模型、预测技术模型、决策模型、线性规划模型、其他数学规划模型(运输问题、分派问题)、网络分析模型、排队模型及对策模型等。

(2)根据模型有没有考虑随机因素，符号或数学模型可分为确定性模型、随机模型。

(3)根据可控变量的性质，符号或数学模型可分为离散模型、连续模型。

(4)根据模型所使用的数学工具，符号或数学模型可分为代数方程模型、微分方程模型、概率统计模型和逻辑模型等。

(5)根据模型的用途，符号或数学模型可分为分配模型、运输模型、排队模型、计划模型、存储模型等。

(6)根据模型研究对象，符号或数学模型可分为能源模型、教育模型、军事模型和宏观经济模型等。

二、管理定量分析的主要内容

现在我们知道定量分析的主要理论基础为数理统计学、系统工程学、运筹学与管理学等学科。数理统计学主要用量化方法研究具有大样本的随机现象。系统工程强调用系统的观点对整个系统进行规划、研究、设计、制造、试验，其主要方法是建模(仿真)、分析、预测、评价、决策等。管理学强调为了达到有效管理的目的，必须合理使用人力、物力和财力资源。运筹学强调以量化为基础的最优决策。因此，本书的主要内容也紧紧围绕管理和定量分析，一方面考虑到管理的实用性，另一方面也考虑到定量分析技术的应用性，并根据现实管理过程中的一般程序和思路进行安排，主要内容包括社会调查(定量)技术、抽样推断技术、相关分析与回归分析技术、预测技术、决策技术、线性规划技术、整数规划技术、网络计划技术、层次分析技术和对策论技术等。

(1)社会调查(定量)技术是收集、处理和研究社会信息的基本方法与技术。在社会调查技术中包含三大技术体系，一类是如何选择调查对象的技术，如普遍调查、典型调查、重点调查、抽样调查和个案调查等；另一类是如何从调查对象中收集资料的技术，如问卷法、访谈法、观察法、实验法和文献法等；还有一类是如何整理和分析所收集到的资料的方法，包括定性分析技术和定量分析技术。社会调查中的定量分析技术在管理定量分析中是十分重要的组成部分，也是在复杂系统研究中的重要技术。

(2)抽样推断技术主要介绍抽样调查方法中单变量统计推断，包括抽样分布与抽样误差分析、抽样推断的方法和假设检验。

(3)相关分析与回归分析技术是抽样调查方法中多变量统计推断的常用技术。在各种社会现象社会活动中存在许多相互关联的因素。相关分析与回归分析正是通过统计量研究总体中各种变量之间相关性及相关程度与方向的方法，由于变量间的关系主要有线性关系和非线性关系，且线性关系比较容易处理，因此本书主要介绍相关分析和线性回归分析。

(4)预测技术是管理定量分析中非常重要的技术。古人云：“凡事预则立，不预则废。”因此，在管理中进行正确的预测是十分重要的，准确可靠的预测既依赖于全面准确的信息，也依赖于科学合适的预测技术。预测分析方法可分为定量分析法和定性分析法。定量分析法又分为时间序列法和因果关系分析法。本书主要介绍定性定量相结合的预测方法，即德尔菲法的具体操作技术；研究事物随时间变化规律的重要方法，即时间序列分析法；以及研究通过变量间关系进行预测的方法，即回归预测。

(5)决策技术是科学决策的重要基础，现代管理面临的问题常常是复杂多变、从未经历过的，因此决策是管理的重心。本书主要介绍决策技术中的三大类决策技术，即确定型决策、不确定型决策和风险型决策技术。

(6)线性规划技术是数学规划中最成熟的一个分支，在现实中有着广泛的应用，线性规划问题的目的在于针对所研究的系统求得一个合理运用人力、物力和财力的最佳方案，发挥和提高系统的效能与效益，最终达到系统的最优目标。主要的问题类型有两种：一种是在资源一定的条件下，如何科学管理可以使资源发挥最大的功效，获得最大的收益；另一种是在任务确定的情况下，怎样合理配置资源才能在消耗最少资源的情况下完成任务。线性规划方法研究和解决问题的核心是正确建立和使用模型，求解最一般的方法为单纯形解法。

(7)整数规划技术是一类变量全部或部分必须取整数的数学规划问题。求解的方法主要有分支定界法和割平面法等。

(8)网络计划技术主要应用于大型复杂系统和工程项目计划管理与时间的有效控制，对于一次性或重复较少的工程项目有明显的优越性。其主要有：用于时间的计划管理，用于成本的计划管理，用于资源的调配，用于生产的调度。内容包括网络图的绘制、作业时间的确定、网络图的参数与计算、任务按期完成的概率分析与计算及网络图的调整与优化。

(9)层次分析法技术是萨蒂教授开发的一种综合定量与定性分析，模拟人的决策思维过程，以解决多因素复杂系统，特别是难以描述的社会系统的分析方法。层次分析法适用于多目标、多准则的复杂的公共问题。

(10)对策论技术主要解决具有对抗性和竞争性问题。其思路和结论对于现实中具有竞争现象的问题具有很大的启发。

第五节　管理定量分析的应用

虽然管理定量分析技术发展的历史并不是很长，但是它的应用却相当广泛，特别是随着计算机技术的发展，管理定量分析技术在实际应用中的计算困难迎刃而解。这里从两个方面来考察，首先看一看管理定量分析技术在社会科学领域中的具体应用。

(1)行政管理方面。使用管理定量分析技术对经济运行状态进行分析和预测，制订各层次的经济计划、经济规划和预算系统及公共事业规划，可以用于金融政策、国防、治安保卫、外交信息、经济信息服务、司法信息、人事管理、紧急服务系统的设计和运行以及供水、污水处理等方面。

(2)社会管理方面。主要用于地区规划、城市规划、防灾措施、垃圾处理、地区生活信息系统、地区社会公共事业规划、老人和残疾人安置及地区医疗系统建设等方面。

(3)文化教育方面。在文化教育领域定量分析技术的应用很多，如广播电台电视台的节目编排和组合以及经费的合理使用、文化教育信息服务、教育计划的编制、学校规模的控制和布局、人力资源优化管理、教学质量控制与多媒体教学管理等。

(4)外交和国际事务方面。大多应用于国际合作、国际关系、国际贸易、国际能源问题、粮食问题、国际资源问题、国际环境保护、国际信息网络等方面。

(5)国内交通服务系统管理。各种交通工具和交通形式的布局、各地区交通方面的投资和建设规模管理、铁路公路航空水上运输票务管理、交通管制、各种导航系统建设和管理，甚至包括服务窗口的数量和服务形式等方面都可应用管理定量分析技术。

(6)医疗卫生管理。在这一领域应用也很多，如医疗卫生机构的类型分布规划、医疗机构的选址、医务人员的数量和工作安排、服务窗口的设立和管理、科室分工和布局、组织结构等。

(7)环境生态与水资源管理。环境生态和水资源都属于规模大且非常复杂的巨大系统，因此对这类问题的管理不能只从局部考虑，必须从全局出发进行统筹安排。管理定量分析在解决这类问题时有很大的作用。

(8)工商管理。定量分析在工商业的应用有很多，其具体有：①市场销售：广告预算与媒体选择、竞争性定价、销售计划的制订等；②生产计划：资源配置和生产作业计划等；③库存管理；④运输问题：航班与机组人员的安排、港口装卸设备的配置、行车时刻表、船厂运输计划、调度；⑤财务与会计：预算、贷款、成本分析、定价、投资、证券管理和现金管理等。

上面只列出了管理定量分析的一些应用领域，实际上，在实际管理工作中它的应用十分广泛。定量分析是一门非常实用的学科，它在管理方面，包括公共管理、经济管理和企业管理等，将会有非常光明的前景。

另外，从管理定量分析的现状来看，管理定量分析发展至今，有不少具体的技术和方法已经非常成熟，但也有不少技术和方法还处在不断发展的过程中，有些技术和方法才刚刚被人们认识，处于萌芽状态，因此，管理定量分析还是一个年轻的学科，有着很好的发展前景。展望管理定量分析的发展，它的成熟的学科分支将向纵深发展；新的研究领域会不断产生，不断发展；它将会继续吸取其他学科的最新成果，与新的技术结合，不断拓展和壮大；它将不断改进传统优化观念，与时俱进，不断创新。

第三章　公共管理研究设计内容与评价标准

任何一项科学研究，人们总是想使有关资源得到合理的分配和有效利用，并追求最大效益。公共管理研究设计如同一份工作蓝图，能够提供给研究者符合逻辑的推理流程，突出研究工作的重点，指引研究者明确、顺利、经济地完成研究任务。公共研究设计本身是否科学、合理和完善，直接关系到研究的进程、代价、研究结论的可靠性和科学性等。因此，在进行公共管理研究之前，严密、审慎地做好研究设计工作是十分必要的。一个好的公共管理研究设计，对研究工作具有一定的保证作用，能够收到事半功倍的效果。

第一节　概　　述

一、研究设计

为了确保和提高研究质量，研究人员必须做好认真、周密的研究设计工作。关于什么是研究设计，不同的学者有不同的回答。美国社会学家艾尔·巴比在《社会学研究方法》中将研究设计界定为：研究设计适用于最初的兴趣、想法和理论期待，接下来是一系列相互关联的步骤，以逐渐集中研究的焦点，概念、方法和程序也随之界定清楚，一个好的研究设计必须先考虑这些步骤。他认为，必须尽量明确要发现的东西，必须采用最好的研究方法进行研究是研究设计的两个主要方面。

吴建南在《公共管理研究方法导论》中将研究设计概括为：研究设计就是研究者为了探究研究问题的解答或解释，而对未来研究工作的具体步骤和进程所做的筹划或设想。它包括明确的研究目的、设定取样方式、确定分析单位和研究干预方式、选取研究方法和手段以及选定时间框架等一系列内容。同时，它还需要为以上内容制定详细而具体的操作步骤。

公共管理研究设计的基本任务包括两个方面：一是选择、确定收集和分析研究数据的方式方法，并保证研究所采用的方式方法是合理的、可靠的和经济的；二是构思、制定实现研究目的的操作程序和控制方案，并保证研究是有效的、客观的和明确的。研究设计的核心内容是保证回答研究的问题和达到研究的目的。

(1)研究方式方法是合理的，是指针对一定的假设或研究内容，采用的方式方法能够满足检验、论证和解释研究内容。

(2)研究方式方法是可靠的，是指研究所采用的方式方法是可以信赖的、重复的，即使换了他人来做同样的工作也能得到基本相同的结果。

(3)研究方式方法是经济的，是指对经费、人力、物力、时间的整体考虑和精打细算，既要力所能及，又要以较少的投入争取最大的效益。

(4)保证研究是有效的，一是研究所使用的变量之间存在真实的确定的关系，这种关系可能是因果关系，也可能是相关关系；二是这种关系的想象和构思是科学的，源于理论的支持、实践的启发以及灵感的萌动，对关系中的变量进行适当的操作化定义，能够有效控制和检验；三是对这种关系的统计意义，采用的数学推论工具是否适宜、数据的质量是否达到需要的标准以及样本容量是否合适；四是研究结果的适用范围，公共管理研究必须保证有一定的适用范围，如果仅是对某一个人适用，对公共管理研究来说其意义不大。

(5)保证研究是客观的，是指研究的程序和控制必须要保证研究变量之间的影响能以真实关系发生变化，不能是虚构的或随心所欲的，收集的数据是反映真实关系的、准确的。

(6)保证研究是明确的，是指设计要使研究所反映的关系能以比较突出和鲜明的形式表现出来，或者说使研究产生最大的反应关系量，同时，研究结果不能含混不清或似是而非，而应该是以明白无误的、有说服力的、可靠的数据或材料表述出来。

二、研究设计需要回答的问题

科学研究过程是一个系统地、有控制地、通过实验或实证检验、批判性地对自然现象进行观察的过程。这种观察过程可以分为两种：一种是在某种理论和假设的指导下对某种自然现象进行观察，以观察现象之间是否具有某种既定的关系；另一种是通过自然现象的观察找出或发现现象之间可能存在的关系，据此提出某种理论或命题。

一般而言，科学研究过程包括四个基本步骤如图 3－1 所示：①发现研究问题；②提出理论假设；③检验理论假设；④阐明结果，得出研究结论。其中，决定研究质量的关键步骤有两个：一是提出研究问题，这是科学研究过程的起点，没有明确的研究问题，研究根本无从谈起；二是对理论假设的检验，因为检验过程可靠与否，直接决定研究结论是否有效、可信，决定研究目的能否实现。

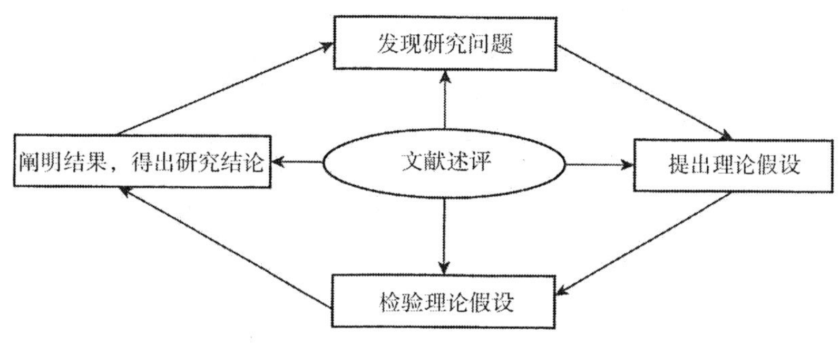

图 3－1　科学研究的基本步骤

与科学研究步骤相适应，研究设计必须回答以下四个关键性的问题。①研究的问题是什么？②为什么要研究这个(些)问题？③研究假设是什么？④如何检验研究假设？不难看出，对第二和第四个问题的回答是研究设计的关键环节。因此，研究设计中必须对这两个问题做出详尽、可信的回答。

要想证明所选研究问题确实具有研究价值，研究人员必须在研究设计中以充分的证据说明：①这个问题尚未回答或已有答案但有缺陷；②该问题具有科学意义和(或)现实意义。支撑上述判断的基础是系统的文献综述。文献综述的主要任务是查找文献、选择文献和批判文献。核心是批判文献，即研究人员对相关文献的关键部分进行批判性评价，既肯定其优点，又要指出其存在的不足，而后者则是文献回顾的重点和核心部分。

如何检验假设是研究设计中最为关键的部分，因为这一部分直接决定着研究假设是否可信，研究最终能否实现预期目的。对检验假设方法的讨论必须回答如下问题：①检验假设的方法和数据(案例)是什么？②为什么要选择这个方法(数据)？③如何实施这些方法/运用这些数据(案例)？为了便于后续研究的进行，并提高研究质量，有关检验方法的说明需具备以下特征：①相关性，即选择的方法、数据(案例)能够检验研究假设，以及所选方法的应用条件能够得到满足等；②可操作性，即清楚地说明所用方法(数据)的目的、获得数据的程序、方法的应用步骤、案例与方法的结合方式、研究人员已具备使用这些方法的主观和客观条件等。

第二节 公共管理研究设计关键问题

根据研究设计需要回答的四个关键性问题，研究设计的基本要素将会涉及研究目的、研究问题、研究变量、研究假设、分析单位、时间维度和研究方法七个基本要素，如图3-2所示。

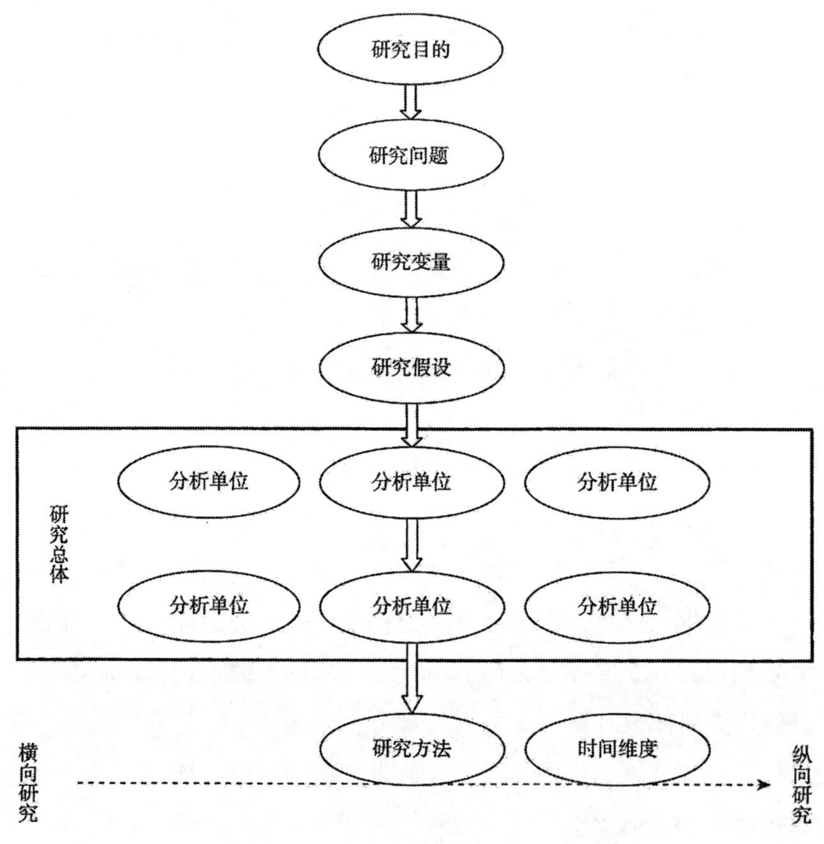

图3-2 公共管理研究设计的基本要素

一、研究目的

科学研究的主要目的包括三种，即探索、描述和解释。很多研究不仅包含一种研究目的，而且同时包含多种研究目的。与此相对应，按照研究目的分类，可以将科学研究分为探索性研究、描述性研究、解释性研究三大类型。

（一）探索性研究

探索性研究是一种对所研究对象或问题进行初步的了解，以获得初步印象和感性认识，并为日后进行更周密、深入的研究提供基础和方向的研究。使用这种研究类型的情况如下：对某些研究问题，缺乏前人研究经验；对各变量之间的关系既不太清楚，又缺乏理论根据。在这种情况下进行精细的研究，会出现顾此失彼或以偏概全以及浪费时间、经费与人力等现象。

在选择探索性研究方案设计时，通常需要注意以下问题。

(1)如果对调研问题的情况几乎一无所知，或者要对调研问题做更准确的定义，或者要确定备选的行动路线，或者要制定调查问答或理论假设，或者要将关键的变量分类成自变量或因变量，那么调查研究就要从探索性研究开始。

(2)在整个研究方案设计的框架中，探索性研究是最初的步骤。在大多数情况下，还应继续进行描述性研究或因果关系研究。例如，通过探索性研究得到的假设应当利用描述性研究或因果关系研究的方法进行统计检验。

(3)并不是每一个方案设计都要从探索性研究开始。是否要用探索性研究取决于调研问题定义的准确程度以及调研者对处理问题途径的把握程度。例如，每年都要进行的消费者满意度调查就不再需要由探索性研究开始。

(4)一般情况下，探索性研究都是作为起始步骤的，但这类研究有时也需要跟随在描述性研究或因果关系研究之后进行。例如，当描述性研究或因果关系的研究结果让管理决策者很难理解时，利用探索性研究将可能提供更深入的认识，从而可以帮助理解调研的结果。

属于这种研究类型的方法有多种，如参与观察、无结构式访问、查阅文献、个案研究等。

（二）描述性研究

描述性研究又称叙述性研究，是指为正确描述某些总体或某种现象的特征或全貌的研究，任务是收集资料、发现情况、提供信息以及从杂乱的现象中描述出主要的规律和特征，重点不在于为什么会存在这样的分布状况，而在于描述(叙述)分布情况的准确性和概括性。描述性研究与探索性研究的差别在于，描述性研究具有系统性、结构性和全面性以及研究的样本规模。描述性研究一般是有计划、有目的、有方向、有较详细提纲的，收集资料主要采用以封闭式问题为主的问卷调查，并采用统计方法处理资料数据，得出以数字为主的各种结果，并把它们推论到总体，即用研究的样本资料说明总体的情况。公共管理领域的很多研究都适用于描述性研究。属于这种研究类型的方式有多种，如问卷调查、比较研究、相关研究和发展研究。

（三）解释性研究

解释性研究也称为因果性研究。这种研究类型主要探索某种假设与条件因素之间的因果关系，即在认识到现象是什么以及其状况怎样的基础上，进一步弄清楚或弄明白事物和现象为什么是这样的。解释性研究是探寻现象背后的原因，揭示现象发生或变化的内在规律，回答为什么的科学研究类型。因果关系是比较复杂的，有某一条件与某一现象之间的因果关系，也有多种条件与某一现象之间的因果关系。教育方面的因果关系大都属于后者。通常是从理论假设出发，涉及实验或深入实地收集资料，并通过对资料的统计分析来检验假设，最后达到对事物或问题进行理论解释的目的。在实验的设计上，除与描述性研究一样具有系统性和周密性外，其更为严谨和具有针对性。在分析方法上，往往要求进行双变量或多变量的统计分析。对于这种因果关系的研究有实验的与非实验的两种。实验研究还可分为实验室研究与现场(或称自然)实验研究。表 3 –1 罗列了三种不同研究类型的特征。

表 3 –1　三种不同研究类型的特征

特征	探索性研究	描述性研究	解释性研究
对象规模	小样本	大样本	中样本
取样方法	非随机选取	简单聚集、按比例分层	不按比例分层
研究方式	观察、无结构访问	问卷调查、结构式访问	调查、实验等
分析方法	主观的、定性的	定量的、描述统计	相关与因果分析
主要目的	形成概念和初步印象	描述总体状况和分布特征	变量关系和理论检验
基本特征	设计简单、形式自由	内容广泛、规模很大	设计复杂、理论性强

二、研究问题

研究问题指的是有争议或者大家缺乏了解的领域或知识，通过研究过程将这些问题弄清楚，或者为未来的研究打下一定的基础。研究问题通常用一个或者一系列问题的表述或论断来表达。研究问题要明确具体，不要宽泛；既要重点突出，又要有一定的灵活性，包含相关的问题。研究问题不能是一个概念本身，而是一个有关这个概念的问题，也就是要对这个问题寻求具体的答案，而不是笼统地讲一个概念。在一般逻辑上，有三个层次的问题，即 what(是什么)、why(为什么)和 how(如何做)。

提出一个好的研究问题是进行科学研究的出发点。对所研究的问题可视研究的目的或做侧重于专业基础的研究，或做侧重于专题的研究，或做侧重于对策的研究，或三者兼而有之，进行某种组合。准确地表述研究的问题意味着研究工作有了一个好的开端，或者说问题已经解决了一半。研究问题的表述要遵循以下原则：第一，问题的陈述要尽可能简单、清楚、客观，不带有价值判断或主观性，避免用价值判断性的语言；第二，问题表述中所用的词语之间的逻辑关系要清晰，让读者对哪些是自变量、哪些是因变量一目了然；第三，问题的陈述中最好能让读者明白是实证研究还是理论研究，如果是实证研究，陈述中指出实证检验的案例或样本会大有益处。

三、研究变量

研究变量设计是指研究问题的概念化、具体化和可操作化，使所研究问题在研究中可以测量，并制订可操作的研究方案的过程。

研究变量是指研究者所要研究与测量的，随条件和情境变化而变化的因素。通俗地说，变量就是会变化的、有差异的因素。变量是相对于常量而言的。常量是指在一个研究中所有个体都具有相同的特征或条件。而变量则是指在一个研究中不同的个体具有不同的特征或条件。

在公共管理研究中，常量不是要研究的内容，研究要探讨的是变量之间的相互关系。一项研究往往会涉及多个变量及其相互关系。因此，研究者必须事先决定研究的主要变量，并厘清变量之间的关系。

自变量、因变量和无关变量是公共管理研究中最重要的、应用最广泛的变量。自变量又称刺激变量，是引起或产生变化的原因，是研究者操纵的假定原因变量。因变量又称反应变量，是自变量作用于被试后产生的效应，是研究者要测定的假定结果变量。无关变量也称控制变量，是指与特定研究目标无关的非研究变量，即除了研究者操纵的自变量和需要测定的因变量之外的一切变量，是研究者不想研究，但会影响研究进程的、需要加以控制的变量。通常，研究要探讨的是自变量和因变量的对应关系，自变量是研究者要操纵的因素，是变化的原因；因变量是研究者要测定的因素，是变化的结果。自变量的变化能引起或影响因变量的变化，而因变量的变化依赖于或取决于自变量的变化。自变量、因变量、无关变量三者的相互关系如图 3 - 3 所示。

由图 3 - 3 我们可以看出，研究目的是探讨自变量和因变量的对应关系，图中用实线表示，研究焦点最终集中在因变量的测定上。为了达到研究目的以及获得准确的测定结果，必须对无关变量进行有效的控制，尽可能排除无关变量对因变量测定的影响，图 3 - 3 中虚线表示无关变量会影响因变量的测定结果，需要加以控制。从时间顺序上看，自变量及无关变量总是发生在因变量测定之前。

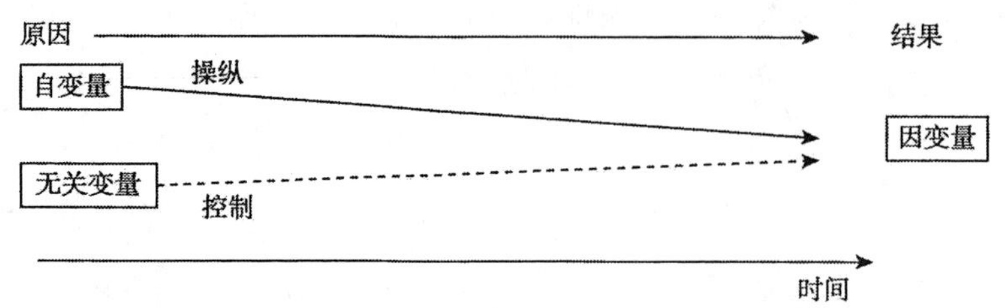

图 3-3　自变量、因变量、无关变量三者的相互关系

统计学上把说明现象某种特征的概念称为变量。根据变量的测量程度，将变量分为分类变量、等级变量、等距变量和等比变量四大类。

(1)分类变量。分类变量也称名义变量，是以测量类别方式进行记分的变量。该变量取值有明显的类别，但无顺序或等级，可以是字符型变量，也可以是数值型变量。这类变量的取值范围通常是有限的，而且每个数值都代表特定的类别。例如：性别，男=1，女=0；婚姻状况，已婚=1，未婚=0；小学生家庭状况，父母双全=1，父母双亡=2，只有父在=3，只有母在=4；企业管理方式，民主管理=1，独断专行=2，放任自流=3。

(2)等级变量。等级变量也称顺序变量，是指没有相等单位，没有绝对零点的变量。该变量取值有明显的顺序或等级，可以是字符型变量，也可以是数值型变量。这类变量的取值范围通常是有限的，而且每个数值都有特定的含义。例如，文化程度：文盲=1，小学=2，初中=3，高中=4，大学=5，硕士研究生=6，博士研究生=7，博士后=8；技术职务：院士=0，教授=1，副教授=2，讲师=3，助教=4；行政职务：科级=1，处级=2，厅级=3，副部级=4，部级=5。

(3)等距变量。等距变量是指具有相等单位但没有绝对零点的变量。例如，情绪状态：很好=1，较好=2，一般=3，较差=4，很差=5；市场化程度：很低=1，较低=2，一般=3，较高=4，很高=5；创新能力：极弱=1，很弱=2，较弱=3，中等=4，较强=5，很强=6，极强=7。

(4)等比变量。等比变量是指具有相等单位又具有绝对零点的变量。等比变量属于最高级别的测量尺度变量，数值可以进行比率计算，可以是数值型变量、货币型变量，但不能是字符型变量。这类变量往往是连续的，数值的范围无限。例如，身高(X_1)、体重(X_2)、胸围(X_3)、臀围(X_4)。

在公共管理研究选择和设计变量时，需要做好以下四个方面的工作。

(1)分析、确定研究变量的性质和特点。例如，通过分析，确定研究变量之间是因果关系还是相关关系，它们分别是主体变量还是客体变量，是直接测量变量还是间接测量变量等。

(2)辨明无关变量。明确研究变量的过程也是辨明无关变量的过程。对于无关变量，不仅要认真分析，考虑哪些无关变量可能对研究结果无影响，哪些可能有影响，而且对那些有影响的，还需要考虑如何在研究过程中加以控制的措施。

(3)确定研究变量的数目。不同的公共管理研究所含的变量数目是不同的，一般来说，问卷调查法、观察法、访谈法所探讨的变量数目比实验研究多。但是，即使在实验研究中，也包含了多种变量和有关的因素。选择研究变量时，需要根据研究目标和研究条件，客观地确定研究变量的数目，并列出研究变量表。

(4)考虑变量的测量水平。研究变量的测量可在不同水平进行。对于不同的研究变量，其测量水平可能是不同的。有的在多级水平上进行测量，有的却只能在某一水平上进行测量。考虑研究变量的测量水平，应将研究变量的性质、可以选用的测量工具的性质、拟采用的分析数据的统计方法等相结合进行整体性的考虑。

四、研究假设

公共管理研究必须有理论构思，理论构思的主要任务就是建立明确的研究假设。能否提出一个好的研究假设，不仅关系到研究过程的科学化水平，还关系到能否取得好的研究成果。

研究假设是研究者根据现有的科学理论和经验事实对所研究问题的规律或原因做出的一种推测性论断与假定性解释，是在进行研究之前预先设想的、暂定的理论。它是对问题的尝试性解答。由于这种设想目前还未获得充分的证据，所以研究假设需要在调查研究中加以证明。

研究假设的功能主要在于它是理论的先导，起着纲领性作用。恩格斯曾高度评价理论假设在科学研究中的作用，他指出，“只要自然科学在思维着，它的发展形式就是假设。一个新的事实被观察到了，它使过去用来说明和它同类的事实的方式不中用了。从这一瞬间起，就需要新的说明方式了——它最初仅仅以有限数量的事实和观察为基础。进一步地观察材料会使这些假设纯化，取消一些，直到最后纯粹地构成定律”。

研究假设对公共管理研究的作用可以概括为以下三个方面。

(1)假设是公共管理研究的核心。在有假设的公共管理研究中，整个研究过程实际上就是围绕验证假设展开的。当然，验证的结果并不总是假设被证实，也有被证伪的可能，但是不管最终结果如何，假设就如大海中的航标，为公共管理研究指明方向，使研究不偏离正确的方向。

(2)假设能更明确地说明和规定公共管理研究课题。假设能帮助公共管理研究者明确研究的内容和方向，通过逻辑论证使研究课题更加明确，并按所确定的目标选择研究方法和收集相关资料，指导公共管理研究的深入发展。

(3)假设是构建公共管理理论的基础。科学研究的真正任务在于探索未知，逐步形成理论。假设则是理论建构和发展的重要基础，也是公共管理研究过程中的重要环节。从假设到理论是科学认识发展的必经之路。提出假设并不是认识的终结，而是为过渡到理论做准备。研究假设具有理论的某些特征，是有关现象的概括。当公共管理研究假设被证实，这个研究假设就可能上升为公共管理的理论。

对一个公共管理研究课题的假设，一般而言，应该为课题的研究提供或规定了研究方向和研究性质，对研究结果做出明确的预测。同时，为设计研究方案提供了预见性的研究框架。一个好的公共管理研究假设通常具有以下四个方面的特点。

(1)科学性。假设应有一定的公共管理事实和理论依据，应合乎逻辑，理由充分，易于定量。科学性还表现在假设的核心概念具有严格规定的含义，具有好的概括度和清晰度，且理论体系的结构严谨合理。

(2)预测性。假设应具有预测性，公共管理研究假设的正确与否有待于事实的检验，它对因果关系的解释是不确定的、或然的，即两个变量的关系非真则假，非此即彼，要么接受，要么拒绝。对一定的公共管理行为、现象或事件的出现做出试验性的、合理的解释，有一定的预测性。也就是说，假设与确实可靠的理论不同，假设带有推测和假定的性质，有待于实践证实。

(3)可检验性。研究假设必须是可检验的，原则上不可检验的陈述是没有科学价值的。由于公共管理研究的假设是对公共管理事实或现象间的关系所做的推测性假定，而研究目的是要验证这种推测的正确程度和可靠性，因此，原则上的可检验性成为科学假设的必要条件，科学假设具有被证实或被证伪的可能性。

(4)逻辑性。假设的表述要明确、简明扼要、用词准确、条理分明，假设命题本身在逻辑上是无矛盾的。假设要以叙述的方式说明两个或更多变量间可期待的关系，不要使用疑问句来表述。

一个好的有价值的研究假设的形成是要经过一定的过程的，研究者要不断对其进行检验和完善。研究假设的形成是从观察发现到理论发现的中介环节，是由个别特殊的发现过渡到普遍一般发现的方式。公共管理研究假设的形成一般需要经过下列步骤：首先，要在收集一定数量的事实、资料的基础上，提炼出科学问题。其次，寻求理论支持，形成初步假设。为了回答问题，要充分运用公共管理的科学知识，并且灵活地展开归纳和演绎、分析和综合、类比和想象等思维活动，形成解答问题的基本观点，并以此构成假设的核心。

最后，要推演出各相关现象的理论性陈述，使假设发展成比较系统的形态，具有严谨的系统和稳定的结构。

五、分析单位

分析单位是公共管理研究者试图观察、描述和解释的对象，也是在公共管理研究中被分析、描述和解释的人或事物。任何研究首先必须要有明确的研究分析单位，然后才能根据研究的分析单位收集资料。选择研究的分析单位是公共管理研究设计的主要内容之一，它不仅与研究目的、内容密切相关，还直接关系到资料的收集、整理、分析，同时还涉及整个研究的费用及应用范围。公共管理研究的分析单位是多种多样的，它包括个体、群体、组织和社会产品。

(1)个体。由于公共管理组织或公共管理活动主要是由个人成员或个人活动组成的，所以，公共管理研究在很大程度上是以个人为研究对象的。作为公共管理研究分析单位的个人，通常包括政府官员、公务员、教师、学生、农民、工人、军人和企业家等。正是通过对个人进行深入的考察、分析、描述和解释，寻找和发现由个人组成的各种群体及组织活动的发生、发展与变化规律，以及由个人行为和态度所构成的丰富多彩的公共管理现象。

以个人作为分析单位，可以选定某种典型的个人(如官员和公务员等)为研究对象，以其变化发展的过程为研究内容，收集有关研究对象的一些资料，进行全面、深入、细致的分析研究，探索造成某种特殊状况的原因，从而揭示其发展、变化的基本规律，并在此基础上提出有针对性的公共管理对策与措施，促进研究对象的良好发展。

以个人作为分析单位具有的特点：①研究对象的单一性，即以个人或个人活动作为研究对象，对象具有单一性、具体性，主要研究个人的行为、心理、态度、兴趣等，个人研究可以不具有代表性、典型性。②研究目的的针对性，即我们研究的目的是更好地对对象进行矫治，任何个人的研究目的是通过发现存在的问题，探索形成问题的根源，以更好地、有针对性地进行矫正。③研究过程的精细性，即研究对象集中，便于更好地认识对象的现状，准确把握其特点，便于研究者有针对性地对材料进行纵向和横向的分析，进而归纳出一般性结论。④研究对象的长期性和稳定性。

(2)群体。群体是相对于个体而言的。从心理学的角度来说，群体是指由两个或两个以上成员组成，具有共同关注的目标、任务和活动，在行为上相互作用，在心理上相互影响的人群。群体的主要特点包括：成员有共同的目标；成员对群体有认同感和归属感；群体内有结构，有共同的价值观；等等。群体通常可分为正式群体和非正式群体。正式群体是指由组织结构确定的、职务分配很明确的群体。非正式群体是指成员为了满足个体需要，以感情为基础自然结合形成的多样的、不定型的群体。非正式群体是既没有正式结构，也不是由组织确定的联盟，它们是个体为了满足社会交往的需要在工作和生活环境中自然形成的。

一个现实的人，总是要生活在一定的社会环境中，受经济和民族、社区、年龄、性别、职业、血缘、兴趣与信仰等因素的影响，总要与别的人形成一定的社会关系，参加一定的群体生活。而且，一个人通常不只属于一个群体，一般都同时是若干群体的成员。社会群体生活是人们的基本生活方式，因此，人们在社会生活中的群体特征和行为，就成为公共管理学研究的重要组成部分。在公共管理研究领域，群体是重要的研究对象和分析单位，如工人群体、农民群体、教师群体、公务员群体和弱势群体等。

(3)组织。组织是指为了执行一定的社会职能，完成特定的社会目标，而且具有明确规章制度的一个独立单位，是正式化的社会群体，组织特征包括组织规模、组织方式、管理方式、组织行为和组织规范等。从社会学的角度来看，社会组织特别要注意以下三点。

①社会组织有别于初级社会群体。虽然社会组织可以由初级群体或非正式群体演化而来，但是当它成为社会组织时，已经和诸如家庭、氏族、邻里等初级群体高度分离。

②组织中形成分工体系。所谓分工，就是将为实现共有目的的工程分解为相互异质、相互补充的几种作业。因此，它不是在同类意识和共鸣原则的基础上形成的社会关系，而是在意识到自己的作业如果独立进行便是没有意义的，也就是在意识到功能上的相互依存的必要性的基础上形成的社会关系。

③组织制造了制度化的支配关系。支配关系是由于利用势力或行使权力(权力即制度化了的势力)而建立的支配服从关系。组织中权力的一个重要特征是权力正当性来源于制定了的秩序，即规则，而不是对权力行使者个人的恭顺感情。马克斯·韦伯把这种基于制定了的规则的支配称为法理的支配或权力，而将基于敬仰、崇拜和感激的支配叫作传统的支配或权力。社会学把作为规则规定下来并且被组织成员承认和接受的支配关系，叫作制度化了的支配关系。在这种关系中，服从规则是加入组织所必须付出的代价，组织成员也正是用这种代价换取组织支付给他的利益和报酬。另外，科层制组织中的权力关系是特定的，它与传统支配中的主从关系权力人格是不同的。一旦离开了职务，上下级就复归到了完全平等的个人。

在规模上，社会组织的规模大于一般社会群体，可以有许多成员。小型的社会组织，如小企业，可能只有七八个人，而大型的组织可以拥有几百人、几千人或者几万人，国家即是一个巨型的社会组织。学校、企业、医院、政府、农村、城市、维权机构、行业协会、民间公益组织、社区组织、互助组织、商会、工会和基金会等均是公共管理研究的重要分析单位。

(4)社会产品。除上述三种分析单位外，各种类型的公共产品(或公共服务)也是公共管理研究的重要分析单位。公共产品是与私人产品相对应的一个概念，是指具有消费或使用上的非竞争性和受益的非排他性的产品。不完全具有这两种特征的称为“准公共产品”，如公园、电影院等。公共产品的基本特征如下：一是非竞争性。一部分人对某一产品的消费不会影响另一些人对该产品的消费，一些人从这一产品中受益不会影响其他人从这一产品中受益，受益对象之间不存在利益冲突。二是非排他性。非排他性是指产品在消费过程中所产生的利益不能为某个人或某些人所专有，要将一些人排斥在消费过程之外，不让他们享受这一产品的利益是不可能的。

我们可以用公共产品(或公共服务)来概括那些无法包括到前述几种分析单位的其他一些分析单位形式，如行政、国防、文化、教育、科学、卫生、医疗、社会保障以及公共政策和法律制度等公共产品，既是公共管理学重要的研究对象，也是公共管理研究的重要分析单位。

吴建南认为，公共管理研究在选择分析单位时应注意以下问题：首先，一项课题可以采用多种分析单位，研究者应该根据现象的复杂程度和研究目的的需要来选择分析单位。对于复杂的社会现象，只有从不同角度、不同层次去收集资料才能得到更完整和更真实的信息。因此，分析单位的选择既要与课题相对应，又要与研究目的相符合。在具体的研究中，如果对分析单位进行分析所收集的资料不能完美地解答研究问题时，就应该增加或改变分析单位。其次，应该在满足研究问题要求的条件下，尽量选择那些最主要的分析单位，力求能深入研究，保证研究结果的质量。

六、时间维度

任何研究对象都有一个时间定位，公共管理研究也不例外。时间维度的含义主要是指应考虑研究对象的时间特性，是大尺度的还是小尺度的，是属于某一时间区间的还是属于某一时点的，等等。由于任何事物都随时间而演化，所以处在不同时间段的事物肯定会有不同的特性，这就要求我们应尽可能考虑研究对象的时间特性。根据研究设计中的时间维度，公共管理研究可以选择横向研究和纵向研究两种基本类型。

横向研究是指在某一时刻点上，对某一事物或社会现象所进行的研究。最典型的横向研究是人口普查，它是在同一时点上对人口状况进行的横截面研究。一般性的横向研究不可能如此严格地在某一天某一时刻进行，只是规定在一个比较短的时间(如一周、一个月)内进行。在公共管理学研究中，横向研究应用很广，有助于分析和比较属于不同群体、不同阶层或具有不同性别、不同年龄、不同职业与不同文化程度等特征的研究对象，在一定时间和空间范围内的分布状况与特征。横向研究的优点是能迅速、全面地了解事物或社会现象各个部分的真实情况，了解所研究事物或社会现象的要素、成分、结构特征和各种比例关系；其缺点是由于时间较短，通常只能收集和分析被调查对象在某一特定时间的资料，不易看到发展的连续过程和关键的转变点，难以探究事物发展变化的原因和趋势。

纵向研究是指在比较长的时间内，对某一个体或群体或组织的行为发展进行系统的定期研究，也叫追踪研究。例如，研究政府能力的形成、发展与变化，可以从某个政府组织的组建开始，持续多年对政府能力的形成原因、形成机制及发展变化趋势进行系统考察，从而查明政府能力的发生、发展路线和规律。纵向研究的时间一般较长，但也有例外。纵向研究的范围可以是某一个体行为的发展，也可以是某个群体和组织行为的发展。纵向研究的优点是可以比较系统、详尽地了解研究对象行为发展的连续过程以及量变和质变的规律。但它也有以下缺点：研究的时间较长，不易同时进行大量的研究；影响被试的各种条件不易查明或控制；由于被试的生活条件变化，不易有效地进行前后比较；等等。

混合研究又称“动态研究”。这就是把横向研究和纵向研究相结合，充分考虑到研究对象和发展的关系，从而解决时间方面的两难问题。例如，研究政府的领导能力问题时，可以同时测查不同年龄的政府官员，并进行比较，这是横向研究；然后集体追踪几年，这是纵向研究；再对这几个年龄组同时测查、比较，这又利用了横向研究。具体来讲，开始对某些追踪组测查和比较，若干年后再测查和再比较。这种方法吸收了纵向研究和横向研究的长处而避免了其缺点，从而起到了扬长避短的作用。

七、研究方法

研究路径是指研究者对某事物的规律进行研究的出发点或者角度。研究路径通常包括实证研究和规范研究两个方面。

实证研究一般使用标准的度量方法，或者通过观察对现象进行描述，主要用来总结是什么情况。研究者通常用这种研究路径提出理论假设，并验证理论。规范研究是解决应该是什么的问题。研究者通常是建立概念模型和(或)定量模型来推论事物的发展规律。研究者也会用这种路径去建立理论规范。

上述两种研究路径不是彼此可以替代的关系，二者之间存在彼此依存和相辅相成的关系。对于反映事物发展规律的理论而言，实证研究与规范研究缺一不可，前者为理论的创建提供支持和依据；后者为理论的创建提供可以遵循的研究框架和研究思路。

在社会科学(包括公共管理)的研究领域，无论是实证研究还是规范研究，都可能采取两类研究方法，即定量研究和定性研究的方法。任何研究过程都要涉及数据的收集，而数据既有可能是定性的，也有可能是定量的。我们不能将定量分析与定性分析对立起来。在社会科学的研究过程中既需要定量的研究方法，也需要定性的研究方法。针对不同的研究问题以及研究过程的不同阶段，不同的研究方法具有不同的优势，两者之间不存在孰优孰劣的问题。

因此，定性方法是对用文字所表述的内容或者其他非数量形式的数据进行分析和处理。而定量分析方法则是对用数量所表述的内容或者其他可以转化为数量形式的数据进行分析和处理。一项研究中往往要同时涉及这两种分析方法。定性分析是用来定义表述事物的基本特征或本质特点的，而定量分析是用来衡量程度或多少的。定性分析往往从定义、类推、模型或者比喻等角度来概括事物的特点；定量分析则假定概念成立，并对其进行数值上的衡量。

定量分析的主要工具是统计方法，用以揭示所研究问题的数量关系。基本描述性的统计方法包括频数分布、百分比、方差分析和离散情况等。探索变量之间关系的方法包括相关分析、回归分析、多变量之间的多因素分析及统计检验等。定量研究之所以被研究者强调，是因为定量分析的过程和定量结果具有某种程度的系统性与可控性，不受研究者主观因素影响。定量分析被认为是实证研究的主要方法，其优势是进行理论验证，而不是创建理论。

在确定定量的研究方法时，需要对以下四个方面的问题加以综合考虑：①研究被试的取样方法(明确研究的总体、样本的大小、取样的手段等)；②研究的控制方法(操纵与控制变量的方式、实验处理、仪器的配备和程序的安排等)；③收集研究资料的方法(确定测量指标和测定方法、设计量表、规定数据记录方式等)；④资料的统计分析方法(根据资料特征选择数据量化处理和检验假设的方式)。

如果用系统性和可控性来衡量研究过程的科学性，定性分析比定量分析更容易遭到质疑。然而，定性分析方法被认为在辅助和说明定量数据方面具有重要价值。实际上，定性分析方法往往贯穿于研究过程的始终。在数据收集之前，有关研究问题的形成、理论假设的形成以及描述性分析框架的建立等都需要定性分析过程，即对数据进行解释和描述等。如果遵循系统性和可控性原则，那么定性分析在数据的收集过程中也有一些可利用的辅助工具，如摘要法、卡片法、聚类编码法等。在研究结论的做出和结论的描述方面，矩阵图、概念模型图表、流程图、组织结构图、网络关系图等都是非常流行的定性分析工具。另外，从定性数据中也可以通过简单的计算、归类等统计手段将定性分析与定量分析结合起来。

第三节　公共管理研究取样

确定了研究的分析单位之后，研究取样则是公共管理研究设计面临的重要问题，它不仅与研究目的、研究内容密切相关，而且还直接关系到研究资料的收集、整理和分析，同时它还涉及整个研究的费用及应用范围。一般来说，如果研究对象仅仅是个别的或少数人，通常不存在取样问题，因为研究对象的总体差不多就是研究的直接对象。但是，绝大多数研究课题设计的对象总体比较大。要将课题规定的所有对象都拿来进行研究往往是难以做到的，也没有必要，因此，需要选择部分研究对象，这就涉及取样问题。

一、研究取样的基本原理

开展公共管理研究的主要目的是要解决某一公共管理问题。而这个公共管理问题一般都是具有普遍意义的。也就是说，开展一项公共管理研究总是想把这项研究所得到的结论普遍应用到同类对象中去。否则，这项研究就没有多大意义。研究的对象虽然是某个部分，但研究者着眼的却是某个总体。一般来说，以一个总体作为研究对象往往是不可能的，而且也是不必要的。研究取样时，抽取的样本必须能代表总体，才可能把将来研究取得的结论有效地推广并应用到总体甚至更大的范围中去。

研究取样就是从一个总体中抽取部分具有代表性的个体作为研究样本。例如，我们要调查某个地方政府的公务员工作能力如何。由于公务员人数众多，不可能对每个公务员都进行测量，研究只能在所研究的对象总体中抽取部分个体，对他们的工作能力进行测量，然后从得出的研究结果推断某个地方政府公务员的工作能力。假设被研究对象的总体为50 000人，从中随机抽取样本100 人，并对这 100 个公务员的工作能力进行测量，获得样本公务员工作能力的平均水平，然后根据测试结果推断研究对象总体公务员的平均水平。取样的基本原理如图 3－4 所示。

取样是以概率论为理论基础的。取样是为了合理地减少研究对象，既可以节约人力、物力、时间，又可以使研究力量相对集中，使研究工作深入、细致，从而提高研究的准确性和可靠性。在研究取样中，通常会涉及以下概念。

(1)理论总体。总体是指研究对象的全体。课题确立时的总体往往是虚拟的，是理论上的总体。例如，进行一项有关公务员行政能力的研究，如果期望以研究结果解释全国的

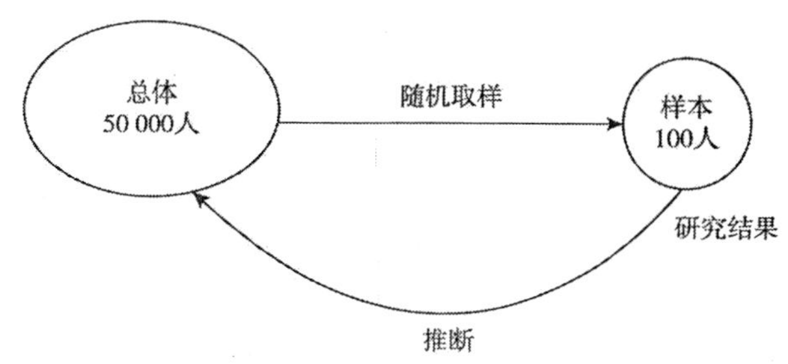

图3－4　取样的基本原理

公务员，那么理论总体就是全国的公务员；如果期望解释浙江省的公务员，那么理论总体就是浙江省的公务员；如果期望解释杭州市的公务员，那么理论总体就是杭州市的公务员。组成总体的各个研究单位是研究的分析单位。

(2)抽样框架(可获得总体)。理论总体往往是虚的，不是实在的、可操作的。而可获得总体则是实在的、具体的、可操作的。抽样框架是抽样单位的实际名单，样本则是从抽样框架中选取。如果一个公务员样本是从某个政府部门的公务员花名册中抽选，那么这个花名册就是抽样框架。

(3)样本。样本是总体的一部分，是由从总体中按照一定规则抽选出来的那部分分析单位的集合。

(4)取样比。取样比是指在抽选样本时，所抽取的样本单位数与总体单位数之比。

(5)置信度。置信度也称可靠度或置信水平、置信系数，即在取样对总体参数做出估计时，由于样本的随机性，其结论总是不确定的。因此，采用一种概率的陈述方法，也就是数理统计中的区间估计法，即估计值与总体参数在一定的允许的误差范围以内，其相应的概率有多大，这个相应的概率就称作置信度。

(6)取样误差。在取样研究中，通常以样本做出估计值，对总体的某个特征进行估计，当二者不一致时，就会产生误差。因为由样本做出的估计值是随着抽选的样本不同而变化的，即使观察完全正确，它和总体指标之间也往往存在差异，这种差异纯粹是取样引起的，故称为取样误差。

(7)偏差。所谓偏差，也称为偏误，通常是指在取样研究中除取样误差外，由于各种原因而引起的一些偏差。

(8)均方差。在取样调查估计总体的某个指标时，通常需要采用一定的取样方式和选择合适的估计量，当取样方式与估计量确定后，所有可能样本的估计值与总体指标之间离差平方的均值即为均方差。

二、研究取样的基本原则

研究设计中的取样是一项技术性很强的工作，也是研究者为获得准确可靠的信息所必须认真考虑的问题。能否正确取样，是对研究人员综合能力的挑战和考验。一个好的研究取样设计还应满足以下五条基本原则。

(1)方向性原则。方向性原则是指决定采用取样方法时要以研究目的为依据，从研究课题的实际情况出发，整体上综合考虑哪种取样方法最符合研究目标。取样方法之间无所谓好与坏，每一种方法都有它自己的适用范围和使用条件，关键要看是否与研究目标、研究内容相吻合。

(2)可测性原则。可测性原则是指选择取样方法时要考虑为统计分析提供必要的数据。取样的基本原理就是要由样本推断总体，由部分推断整体，这种推断需要以数据来说明。可测性要求样本数量足以保证统计分析的需要，能使研究者从样本数据有效地推断出总体特征。

(3)可行性原则。可行性原则是指选择取样方法时，要考虑取样方案在现实情境中是否行得通。理想的取样方案与具体实施方案可能是两码事。例如，要在一所幼儿园某个年级进行一项对比实验，理想的取样方案是将这个年级的班级打乱，再按随机分配的方式重新编班，分成实验组和对照组。但是这样的取样方案很少能行得通，幼儿园一般不愿意这样做，因为这将打乱原有的教学秩序。因此，较为可行的方案是采用整群随机取样。可行性原则要求取样设计更多地从实际情况考虑，方案更详尽，操作更具体。

(4)经济性原则。经济性原则是指选择取样方法时要考虑与可得资源相吻合，资源包括时间、财力、人力等。由于教育研究的经费往往很有限，获取样本又是以时间和经费为代价的，而且样本数量并非越大越好。用两匹马可以拉的车，用十匹马来拉就是浪费。经济性原则要求取样既要保证达到研究目标，又不奢侈浪费。

(5)代表性原则。样本的代表性是指样本应具备总体的性质或特征，样本能在较大程度上代表总体。样本的代表性会影响研究结论的可靠性和推断程度。对样本代表性的最大威胁是取样偏差。

科学地设计取样方案可以收到事半功倍的效果。最大限度地满足以上原则往往难以做到，有时为了满足取样的代表性和可靠性，样本容量可增加至最大，但同时却牺牲了经济性原则，因此，选择取样方法实际上是所有原则的综合平衡问题。这也正是有时研究者不采纳简单的取样方法，而是运用比较复杂的取样方法的原因。

三、研究取样的基本方法

根据抽选样本的方法，研究取样可以分为概率取样和非概率取样两大类型。

（一）概率取样

概率取样是按照概率论和数理统计的原理，从研究总体中根据随机原则来抽选样本的一种取样方法。概率抽样样本具有代表性，可以做推论，常用于正式的、量化的研究。概率取样包括简单随机取样、分层随机取样、聚类随机取样和系统随机取样。

1. 简单随机取样

简单随机取样是指从总体中不加任何分组、划类、排队等，完全随机地抽取研究单位。其特点是：每个样本单位被抽中的概率相等，样本的每个单位完全独立，彼此间无一定的关联性和排斥性。简单随机取样是其他各种取样形式的基础。通常只是在总体单位之间差异程度较小和数目较少时才采用这种方法。

按照样本抽选时每个单位是否允许被重复抽中，简单随机取样可分为重复取样和不重复取样两种。在公共管理研究中，简单随机取样一般是指不重复取样。

简单随机取样总体中的每个个体都有被抽到的同等机会，可通过抽签、随机数字表或摇号机摇号等来实现抽样。例如，研究浙江大学大学生的诚信品质时，可以通过随机数字表来进行简单随机取样，基本程序如下。

（1）确定浙江大学本科生的总体，设为 25 000。

（2）确定样本规模，选择为总体的 10%，即 2 500。

（3）给每一个本科生编制代码，从 00 000 ~ 24 999。

（4）在 5 位数的随机数字表上，从中选择 2 500 个小于 25 000 的数字。

（5）被选中数字的本科生组成研究样本。

简单随机取样是其他取样方法的基础，因为它在理论上最容易处理，而且当总体单位数 N 不太大时，实施起来并不困难。但在实际中，若 N 相当大时，简单随机取样就不是很容易办到的。首先它要求有一个包含全部 N 个单位的取样框架；其次用这种取样得到的样本单位较为分散，调查不容易实施。因此，在实际中直接采用简单随机取样的并不多。

2. 分层随机取样

分层随机取样是指将总体单位按其属性特征分成若干类型或层次，然后在各个类型或层次中随机抽取样本单位。其特点为：由于通过划类分层，增大了各类型中单位间的共同性，容易抽出具有代表性的调查样本。该方法适用于总体情况复杂、各单位之间差异较大、单位较多的情况。

分层取样又称分类取样或类型取样，它首先是将总体的 N 个单位分成互不交叉、互不重复的 k 个部分，我们称为层；然后在每个层内分别抽选 n_1，n_2，…，n_k 个样本，构成一个容量为 n 个样本的一种取样方式。

分层的作用主要体现在三个方面：一是为了工作的方便和研究目的的需要；二是为了提高取样的精度；三是为了在一定精度的要求下，减少样本的单位数以节约调查费用。因此，分层随机取样是公共管理研究中应用较普遍的取样技术之一。

分层随机抽样确保每层子总体都被包容在抽样范围内，避免某一子总体出现“超载”现象或意外样本。通常情况下，分层取样比简单随机取样和等距取样更为精确，能够通过对较少的样本进行调查得到比较准确的推断结果，在总体构成比较复杂、同质性程度不高、总体数量较大、各层次标志比较明显的情况下，宜采用分层随机抽样。

3. 聚类随机取样

聚类随机取样是指把组成总体的所有部分分为若干群体，从随机选择的某一群体或几个群体中随机地抽取个体组成研究样本的取样方法。

聚类随机取样特别适用于缺乏总体单位的取样框架。应用聚类取样时，要求各群体有较好的代表性，即群体内各单位的差异要大，群体间差异要小。

聚类随机取样的优点是实施方便、节省经费；缺点是不同群体之间的差异往往较大，由此而引起的取样误差往往大于简单随机取样。

聚类随机取样方法通常在以下两种情况下使用：一是很难全面地获得总体所有个体的信息或很难接触到每个成员；二是为节约研究时间和经费把研究对象限于某一个或几个特别的群体当中。

研究浙江大学大学生的诚信品质时，采用聚类随机取样，其基本程序如下。

(1)确定浙江大学本科生的总体，设为25 000。

(2)确定样本规模，选择总体的10%，即2 500。

(3)按某一特征(如学院)把浙江大学本科生分为30个群体。

(4)从30个群体中随机地选择若干个群体(如6个群体)。

(5)从6个群体中随机地抽取2 500个本科生作为研究样本。

4. 系统随机取样

系统随机取样也称等距取样，是指按照某一特征，把总体中的个体进行排序，然后按随机原则确定起点，每隔一定的间隔抽取一个单位的一种取样方法。

样本距离可通过下面公式确定：样本距离 = 总体单位数/样本单位数。例如，假设你使用本地电话本并确定样本距离为100，那么100个中取1个组成样本。等距取样方式随意用一个起点。例如，如果你把一本电话本作为取样框，必须随意取出一个号码决定从该页开始翻阅。假设从第5页开始，在该页上再另选一个数决定从该行开始。假定选择从第3行开始，这就决定了实际开始的位置。

系统随机取样相对于简单随机取样最主要的优势就是经济性。系统随机取样比简单随机取样更为简单，花费的时间更少，并且花费也少。当对总体结构有一定了解时，充分利用已有信息对总体单位进行排队后再取样，则可提高取样效率。采用系统随机取样最大的缺陷在于总体单位的排列上。一些总体单位数可能包含隐蔽的形态或者是“不合格样本”，研究者可能疏忽，把它们抽选为样本。

研究浙江大学大学生的诚信品质时，采用系统随机取样方法，其基本程序如下。

(1)确定浙江大学本科生的总体，设为25 000。

(2)确定样本规模，选择为总体的10%，即2 500。

(3)按学号把浙江大学本科生进行排序。

(4)从25 000个中随机地抽取1个作为起点。

(5)确定取样距离——每10个抽取1个。

(二)非概率取样

非概率取样是指每个研究对象被抽取的概率是未知的，抽样方式不是随机的，样本通常是按研究目的而选择的。非概率取样不具有代表性，通常不能推断总体，常用于非正式的、质化的研究。非概率取样主要有简便取样、判断取样和配额取样等。

1. 简便取样

简便取样是指研究者根据现实情况，以自己方便的形式抽取偶然遇到的人或事作为研究对象，或者仅仅选择那些最容易找到的人或事作为研究对象。

例如，为了调查某市的交通情况，研究者到离他们最近的公共汽车站，把当时正在那里等车的人选作调查对象。其他类似的简便取样如下：在街口拦住过往行人进行调查；在图书馆阅览室对当时正在阅读的读者进行调查；在商店门口、展览大厅、电影院等公众场所向进出往来的顾客、观众进行的调查；利用报纸杂志向读者进行调查；老师以他所教的班级的学生作为调查样本的调查；等等。

简便取样排除了主观因素的影响，纯粹依靠客观机遇来抽取对象。那些最方便找到的对象具有比其他对象更多的机会被研究者选中。这种取样没有保证使总体中的每一个成员都具有同等被选中的概率。简便取样的优点是方便省力；缺点是样本的代表性差，有很大的偶然性，不能依赖简便取样得到的样本来推断总体。

2. 判断取样

判断取样是指研究者根据研究的目标和自己的主观分析，来选择和确定研究对象的方法。研究者依据主观判断选取可以代表总体的个体作为样本。样本的代表性取决于研究者对总体的了解程度和判断能力。

判断取样是有目的地选择样本。例如，在问卷设计阶段，为检验设计的问题是否得当，常有意地选择一些观点差异悬殊的人作为调查对象。又如，研究者专找那些偏离总体平均水平者作为调查对象，其目的是研究是什么使他们发生偏离。它的作用在于发现问题，提出假设，而不在于对总体做出概括。

判断取样多用于无法确定总体边界，或总体规模小、调查所涉及的范围较窄，或调查时间、人力等条件有限而难以进行大规模取样的情况。

在编制物价指数时，有关产品项目的选择和样本地区的决定等常采用判断取样。

判断取样的优点为：可以充分发挥研究人员的主观能动作用，特别是当研究者对研究的总体情况比较熟悉，研究者的分析判断能力较强、研究方法与技术十分熟练、研究的经验比较丰富时，采用这种方法往往十分方便。判断取样的缺点：样本的代表性难以判断，不能推断。

3. 配额取样

配额取样与分层取样中的比例取样相似，也是按研究对象的某种属性或特征将总体中所有个体分成若干类或层，然后在各层中取样，样本中各层(类)所占比例与它们在总体中所占比例相同。

进行配额取样时，研究者要尽可能依据那些有可能影响研究变量的各种因素来对总体分层，并找出具有各种不同特征的成员在总体中所占的比例。然后依据这种划分以及各类成员的比例去选择研究对象，使样本中的成员在上述各种因素、各种特征方面的构成和在样本的比例尽量接近总体情形。

假设某高等院校有 2 000 名学生，其中男生占 60%，女生占 40%；文科学生和理科学生各占 50%；一年级学生占 40%，二年级、三年级、四年级学生分别占 30%、20% 和 10%。现要用配额取样方法依上述三个变量抽取一个规模为 100 人的样本。依据总体的构成和样本规模，可以得到如表 3－2 所示的配额表。

表 3－2　100 人样本的配额表(单位：人)

	男生(60)								女生(40)							
	文科(30)				理科(30)				文科(20)				理科(20)			
年级	一	二	三	四	一	二	三	四	一	二	三	四	一	二	三	四
人数	12	9	6	3	12	9	6	3	8	6	4	2	8	6	4	2

配额取样和分层取样的区别如下：两者虽然都依据某些特征对总体进行分层，但两者的目的不同，取样方法也不同。配额取样之所以分层分类，其目的在于要抽选出一个总体的“模拟物”，其方法则是通过主观的分析来确定和选择组成这种模拟物的成员。也就是说，配额取样注重的是样本与总体在结构比例上的表面一致性。而分层取样进行分层，一方面是要提高各层间的异质性与同层中的同质性；另一方面是为了照顾到某些比例小的层

次，使所取样本的代表性进一步提高，误差进一步减小。而其取样的方法则是完全根据概率原则，排除主观因素。等概率地到各层中进行取样，这与定额取样中那种“按事先规定的条件，有目的地寻找”的做法是完全不同的。

四、样本容量的确定

样本容量是指抽取样本的具体数量。样本数量的多少，既要符合研究目的和研究内容的需要，也要满足统计分析的要求，又要考虑取样的可能性，并使误差减到最低限度。一般来说，样本数越多，代表性越好；样本数过少，取样误差较大，代表性也较差。但是，仅仅依赖增大样本数并不是保证充分代表性的必要条件，如果取样的程度发生偏差，遗漏了总体的某些部分，增加样本就意味着偏差更大。另外，样本数过多会造成浪费。

样本数量多少为宜，这是一个复杂的问题。通常而言，选取研究样本的数量需要考虑以下七个方面的因素。

(1)研究的类型、范围。当研究是定量研究时，研究范围较广，样本数量可适当大一些；反之，当研究是定性研究时，研究范围较狭窄，样本数量可适当少一些。

(2)研究分析的精确程度。当研究要求有较高的统计显著程度和可信程度时，样本数量可多些；反之，则可少些。

(3)允许误差的大小。当研究允许的误差值小，要求的可信程度高，所需样本容量就相应要大；反之，则可小些。如表3－3表示当总体趋于无限大时，不同的允许误差和可信程度所要求的样本数量。

表3－3　允许误差和可信程度与样本容量关系表

允许误差(%)	可信程度	
	95%	99%
1	9 604	16 857
2	2 401	4 147
3	1 067	1 943
4	600	1 037
5	384	663
6	267	461
7	196	339

资料来源：袁方，社会研究方法教程[M]. 北京：北京大学出版社，1997.

(4)总体的同质性。当总体的变异性比较大，变量的相关程度比较低，以及研究的条件控制不严格时，样本数量可适当增加些；反之，当总体同质性比较好，变量的相关程度比较高，以及研究条件控制严格时，则可少些。例如，人的血液同质性比较好，医院化验只需抽取一点点血。学生的智力、能力变异性比较大，因此抽取样本相对比较大。

(5)测量工具的可靠程度。当测量工具的可靠程度即测定指标信度比较低时，测量的误差就比较大，这时需要增加样本数量；反之，则可减少样本数量。一般来说，有关学习能力和成就的测量工具可靠性程度好些，有关人格特质、自我概念、态度等方面的测量工具可靠程度差些。

(6)研究的成本。研究成本包括经费、时间、人力、物力的抽样数量总是控制在研究成本允许的范围内。因此，确定样本容量时，必须仔细分析研究的条件，量体裁衣。

(7)分析的类别。当研究的关系复杂、分析的项目较多时，那么样本数量可多些；反之，则可少些。一般应保证每一分析小类的样本数量不少于10。

根据研究经验，有限总体数量与样本数量的关系如表3－4所示。

表3－4　有限总体数量与样本数量的关系

总体数(N)	10	20	50	100	200	500	1 000	2 000	5 000	10 000	50 000	100 000
样本数(n)	10	19	44	80	133	217	278	322	357	370	382	384

注：可信度为95%，允许误差为5%。

从表3－4中可以看出，样本数并不是与总体数量的增加同步增加的。当总体数量不断增加时，样本数的增长逐步减缓。例如，总体数为1 000，抽取278个被试便可满足可信度95%、允许误差不超过5%的取样要求；如果总体为10 000，满意样本数为370；如果总体为100 000，满意样本数为384。由此可见，当总体达到10 000以上，接近于无限总体时，样本数量的增长逐步减缓，在总体数量与样本数量曲线图上呈一条负加速的增长曲线，如图3－5所示。

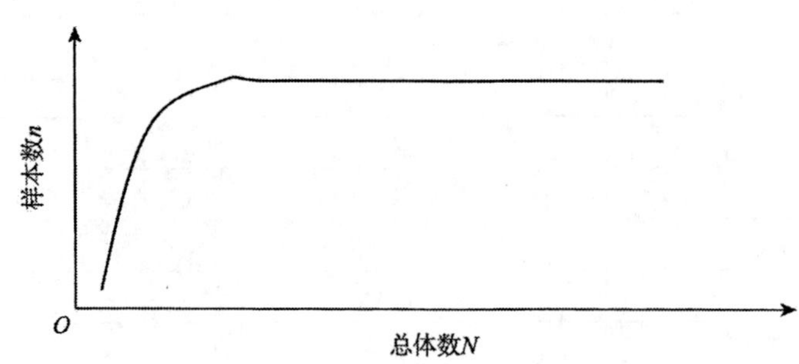

图3－5　有限总体数量与样本数量关系曲线示意图

具体确定所需的样本容量有一些方便的计算公式。对于不同的抽样方法，计算公式存在不同之处。以下介绍适用于简单随机取样的样本容量计算公式。

若是估计平均值，则调查某项公共服务的平均满意度时，其样本容量计算公式为：

$$n = \frac{Z^2\sigma^2}{E^2}$$

式中，Z 为标准误的置信度；σ 为总体标准差；E 为允许的误差值。其中，标准误是指样本平均值的标准差(standard deviation)。在正态分布中，68% 的样本会落在总体参数值 ±1 个标准误的范围内，95% 的样本会落在 ±2 个标准误的范围内，99% 的样本会落在 ±3 个标准误的范围内。

Z 和 E 可由调查者指定，如果指定置信度为95%，那么 $Z=2$(2 个标准误)；允许误差为0.5，即 $E=0.5$。确定 σ 则需要估计总体的标准差，可采用经验判断、历史调查、试点调查和二手数据等方式。

若是估计比例，如调查支持某项公共政策的人的比例，其样本容量计算公式为：

$$n = \frac{Z^2P(P-1)}{E^2}$$

式中，P 为总体比例。

估计比例问题所需的样本容量在对 P 的估计上有明显的优势。$P(P-1)$ 在 $P=0.5$ 时取到最大值0.25，那么若代入 $P=0.5$，便可得到 n 的最大估计值。

第四节　公共管理研究的效度和信度

在研究中，如何判断研究的质量，以及评价研究结果的有效性和可信性呢？在不断地研究和知识积累的过程中，人们总结出了几个重要的评价指标，即效度和信度。通过研究评价，既有助于更深入地认识研究结果的有效性和可靠性，也有助于更进一步地完善研究体系。

一、研究的效度

效度，即有效性，是指测量工具或手段能够准确测出所需测量的事物的程度。效度可分为内部效度、外部效度、结构效度、测评效度和统计结论效度等。

(1)内部效度。内部效度是指研究的自变量与因变量之间存在一定关系的明确程度。如果自变量和因变量之间的关系不会因其他变量的存在而受到影响，那么这项研究就具有内部效度。要想使研究有较高的内部效度，就必须控制各种外部变量，消除它们对研究结论的影响。这些外部变量通常包括历史事件效应、自然成熟效应、测试效应、工具效应、统计回归效应、选择效应、实验损耗效应、实验效果扩散效应、补偿效应、补偿竞争效应、士气沮丧效应等。

历史事件效应指的是在认定的原因之外，还有别的原因也能导致同样的结果。而这个别的原因，在验证的过程中没有被排除。例如，学生经过某机构的英语培训，效果很好。但在培训的同时，学生也在某个大学听课，或邂逅了一位教导英语有方的老师或朋友，受益匪浅。那么，这个英语提高的效果中，就有非培训机构带来的效应。这个效应就叫历史事件效应。自然成熟效应是指儿童或成人对某一事物认知过程的自然成熟能改变他们的行为，而不是认定的某一个原因。例如，贪玩现象不是因为受到社区的管理、罚款等手段的影响，而是自然心理成熟或别的发展过程导致他们行为的改变。测试效应指的是测试本身对人的行为的改变。例如，有人考过一次托福，熟悉了考试方法，下次再考时，即使后来上短训班等学英文，并没有什么成效，但第二次还是比第一次考得好。分数提高的原因是测试，而不是短训班的学习。工具效应指的是前后考试用的不是同一种测量方法，如面试与笔试之间的可比性差，造成对因果关系的判断失误或不准确。统计回归效应指的是数据的季节或周期性变化会导致数据的波动，影响结论。例如，某城市的犯罪率具有季节性，即夏天高，冬天低。当政府在春天采取政策，加强警力和社会治安工作，到了夏季，会发现犯罪率还是比冬天高。不是因为措施没有效果，而是季节性的犯罪率影响了统计数据。合理的对比方法是与上一年同期相比。否则，统计数字的季节性波动会掩盖真正的政策效果。选择效应指的是在用两组数据比较时，两组数据的起始点并不相同。

(2)外部效度。外部效度是指研究结果能够一般化和普遍适用到样本来自的总体和到其他总体中的程度，即研究结果和变量条件、时间及背景的代表性和普遍适用性。外部效度可以细分为总体效度和生态效度两类。要提高研究的外部效度，应注意在研究中消除和控制如下因素：①被试的代表性差；②操作定义不明确；③研究对被试的反作用；④事前测量与实验处理的相互影响；⑤多重处理的干扰；⑥实验者效应；⑦研究与实际情境相差较大；⑧被试选择与实验处理的交互作用。

(3)结构效度。结构效度是指测量结果体现出来的某种结构与测值之间的对应程度。结构效度分析所采用的方法是因子分析。因子分析的主要功能是从量表全部变量(题项)中提取一些公因子，各公因子分别与某一群特定变量高度关联，这些公因子即代表了量表的基本结构。通过因子分析可以考察问卷是否能够测量出研究者设计问卷时假设的某种结构。在因子分析的结果中，用于评价结构效度的主要指标有累积贡献率、共同度和因子负荷。累积贡献率反映公因子对量表或问卷的累积有效程度；共同度反映由公因子解释原变量的有效程度；因子负荷反映原变量与某个公因子的相关程度。

(4)测评效度。测评效度是指测量的指标是否能够准确测出想要测量的东西或概念。

其中也包括几个重要的维度，如测量的灵敏度、是否能够区别出细微的事件以及情感差别等。测量的内容涵盖能力，如果问大学生年龄，过去从 18 岁开始就可以，而现在可能有 12～13 岁的大学生。如果在调查过程中不包括他们，就会忽略少年大学生的情况，存在统计内容涵盖不全面的测评效度问题。

(5)统计结论效度。统计结论效度是指关于研究的数据分析处理程序的效度检验，或者说，它是检验研究结果的数据分析程序与方法有效性的指标。统计结论效度的基本问题是研究误差、变异来源与如何适当地运用统计显著性检验，它不涉及系统性偏差的来源问题。要提高统计结论的效度，首先必须保证数据的质量；其次要明确各种统计检验方法的基本假设和适用条件，选用适宜的统计程序；此外，还应注意适当增大样本容量。

二、研究的信度

信度是指测量(或研究)结果的一致性或稳定性程度，是反映被测特征真实程度的指标。一般而言，两次或两个测量的结果越一致，误差越小，所得的信度也就越高，其特征有：①信度是指测验所得到结果的一致性或稳定性，而非测量或量表本身。②信度值是指在某一特定类型下的一致性，而非泛指一般的一致性，信度系数会因不同时间、不同受试者或不同评分者而出现不同的结果。③信度是效度的必要条件，而非充分条件。信度低效度一定低，但信度高效度未必高。④信度检验完全依赖于统计方法。

可以举例说明关于信度的问题：如果想知道某人的体重，我们可以叫两个人来估计，一个人的估计为 68 千克，另一个人的估计为 120 千克，那么我们就可以认为，叫别人来估计体重是非常不可信的方法。如果用体重秤，连续测量两次的结果都是相同的，那么我们可以说，在测量体重方面，用体重秤测量的方法要比叫人来估计更可信。我们可以从以下三个方面来理解信度。

(1)信度是指实得分数和真分数相差的程度，相差越小，测量结果的信度就越高。信度系数(R_{XX})可定义为真分数方差与实得分数方差的比率，即 $R_{XX}=\sigma_T^2/\sigma_X^2$。由于真分数在实际测量中是得不到的，而真分数方差等于实得分数方差减去随机误差分数方差，所以，信度系数也可表示为 $R_{XX}=1-\sigma_E^2/\sigma_T^2$。

(2)信度是指统计量与参数之间的接近程度。在统计学中，样本的数字特征(如样本的平均数)称为统计量，总体的数字特征(如总体的平均数)称为总体参数，简称参数。各种统计量都存在信度问题。统计量越接近参数，其信度就越高。知悉了统计量与参数的接近程度，便可对参数进行区间估计。通常各种统计量的信度以各自的标准误差来表示。这一原理和方法也适用于查明实得分数与真分数的接近程度。对实得分数的标准误差进行估计，可以利用区间估计的公式计算出实得分数与真分数的接近程度，从而得出测量结果的信度系数。

(3)信度是指一种测量工具先后两次施测于相同被试所得结果前后一致的程度。一致性的程度越大，信度越高。一致性程度的高低以相关系数的大小来表示，称为信度系数。

信度系数越大，表明测量的可信程度越大。究竟信度系数要多少才算有高的信度，学者们观点不一。有些学者的观点如下：0.60～0.65(最好不要)；0.65～0.70(最小可接受值)；0.70～0.80(相当好)；0.80～0.90(非常好)。由此，一份信度系数好的量表或问卷，最好在0.80以上，0.70～0.80还算是可以接受；分量表最好在0.70以上，0.60～0.70则可以接受。若分量表的内部一致性系数在0.60以下或者总量表的信度系数在0.80以下，则应考虑重新修订量表或增删题项。

在实际应用中，信度主要有五种基本类型，即重测信度、复本信度、折半信度、内部一致性信度和评分者信度。

(1)重测信度。重测信度是指用同样的测试工具对同一被试间隔一定时间的重复测试，计算两次测试结果的相关系数。假如第一次测量时的观测值是 X，第二次的观测值是 Y，那么重测信度就等于 X 与 Y 的相关系数。很显然，重测信度是稳定系数，即跨时间的一致性。在进行重测信度的评估时，还应注意以下两个重要问题：一是重测信度一般只反映由随机因素导致的变化，而不反映被试行为的长久变化。二是不同的行为受随机误差影响不同。重测信度所考察的误差来源是时间的变化所带来的随机影响。在评估重测信度时，必须注意重测间隔的时间。

(2)复本信度。复本信度是以两个测验复本来测量同一群体，然后求得应试者在这两个测验上得分的相关系数。复本信度的高低反映了这两个测验复本在内容上的等值性程度。两个等值的测验互为复本。计算复本信度的主要目的在于考察两个测验复本的题目取样或内容取样是否等值。复本信度也考虑两个复本实施的时间间隔。复本信度的主要优点在于：能够避免重测信度的一些问题，如记忆效果、练习效应等干涉变量对测验成绩的影响；减少了辅导或作弊的可能性。复本信度的局限性在于：如果测量的行为易受练习的影响，则复本信度只能减少而不能消除这种影响；有些测验的性质会由于重复而发生改变；有些测验很难找到合适的复本。

(3)折半信度。折半信度是指将一个测验项目按奇偶项分成两半，分别记分，计算这个测验两部分项目分数之间的相关系数，再据此确定整个测量的信度系数 R_{XX}。测验越长，信度系数越高。在进行折半信度分析时，如果量表中含有反意题目，应先将反意题目的得分进行逆向处理，以保证各个题目得分方向的一致性，然后将全部题目按奇偶或前后分为尽可能相等的两半，计算两者之间的相关系数(R_{hh})，即半个量表的信度系数，再用斯皮尔曼－布朗公式 $R_{XX}=2R_{hh}/(1+R_{hh})$，求出整个测验的信度系数 R_{XX}。

(4)内部一致性信度。内部一致性信度主要反映测验内部题目之间的关系，考察测验的各个题目是否测量了相同的内容或特质。内部一致性信度也称同质性信度，是指测验内部的各题目在多大程度上考察了同一内容。内部一致性信度通常用克劳伯克(Cronbach)α系数来表示，α系数的计算公式如下：

$$R_{\alpha}=\frac{K}{K-1}\left(1-\frac{\sum S_i^2}{S^2}\right)$$

式中，K为测验工具所包含的题目数量；S_i为第i个测验题目的标准差；S_i^2为第i个测验题目的方差；S为整个测验的标准差；S^2为整个测验总得分的方差。

(5)评分者信度。评分者信度是指不同评分者对同样对象进行评定时的一致性。最简单的估计方法就是随机抽取若干份答卷，由两个独立的评分者打分，再求每份答卷两个评判分数的相关系数。这种相关系数的计算既可以用积差相关方法，也可以采用斯皮尔曼等级相关方法。

提高测量的信度要相应地从多方面着手，主要方法有以下几种：①增加测验或量表的长度；②测验时间、测验难度适当；③测验内容尽量增强同质性；④测验程序和环境尽量标准化；⑤评分尽量客观确定。

三、研究的效度和信度关系

研究的信度和效度有密切的关系。美国社会学家艾尔·巴比在《社会研究方法》一书中用图3－6很清晰地说明了信度和效度之间的关系。

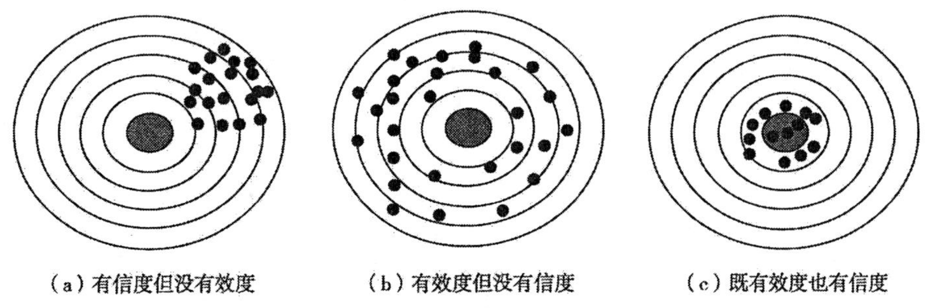

图3－6 信度和效度之间的关系图

效度和信度的关系可以用测量值(X_0)的构成公式来理解。测量值(X_0)所包含的成分如下：

$$X_0=X_T+X_S+X_R$$

式中，X_T 表示欲测量属性的真值；X_S 表示系统误差；X_R 表示随机误差。

效度和信度的关系可以分为以下几种情况。

第一，如果测量是完全有效的，则其排除了随机误差和系统误差的影响，在公式 $X_0 = X_T + X_S + X_R$ 中，有 $X_R = 0$ 和 $X_S = 0$，因而 $X_0 = X_T$。此时测量必然是完全可信的。

第二，如果测量是完全可信的，则其排除了随机误差的影响，在公式 $X_0 = X_T + X_S + X_R$ 中，有 $X_R = 0$，因而 $X_0 = X_T + X_S$。测量可以达到完全有效，也可能达不到，因为有可能会存在系统误差而导致测量无效。

第三，如果测量是不可信的，则其不能排除随机误差，因此，$X_0 \neq X_T$，即测量无效。

第四，如果测量无效，则可能会出现三种情况：不能排除随机误差，测量不可信；不能排除系统误差，测量仍然可信；随机误差和系统误差都不能排除，测量不可信。

综上所述，我们可以将效度和信度之间的关系概括为：信度是效度的必要而非充分条件。可信可以导致有效，也可以导致无效。有效必先可信，不可信则必然无效。无效可以可信，也可以不可信。效度和信度之间的关系也可以用图 3－7 描述。图 3－7 中实线箭头表示必要联系，虚线箭头表示可能联系。

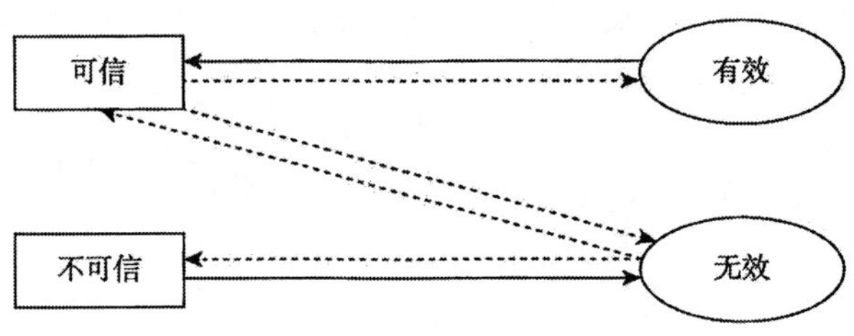

图 3－7　效度和信度关系的描述

第四章 公共管理研究中定量分析技术

本章主要对公共管理研究中定量分析技术进行探究，主要包括预测技术、决策技术、网络计划技术。

第一节 预测技术

一、预测分析方法概述

“凡事预则立，不预则废”“人无远虑，必有近忧”。我们做任何事情，小至个人的日常生活，大到国计民生，都必须有科学的预见，周密的计划，才能达到预期的效果。大家所熟知的《孙子兵法》，实际上就包含很多预测问题，如“死生之地，存亡之道，不可不察也”，这个“察”，就是预测。这部书历时两千多年长盛不衰，至今仍被中外军事战略家、企业家奉为经典，主要是因为它提供的种种预测方法，能够帮助人们进行正确的预测。诸葛亮敢于唱“空城计”，是基于他对司马懿军事决策行为特点的分析和预测；敢于“借东风”，是基于他对当地气候变化的预测。人类在其社会实践中早就有预测思想的萌芽，但预测科学和预测技术的产生，则是在20世纪，各国建立了大量的预测咨询机构，致力于发展高深的预测新技术，定期公布经济活动的主要预测结果，作为制定和执行政策的依据。从20世纪40年代预测科学研究开始萌发至今，预测科学已经从单项预言发展到对活动规律进行预测的深入研究，并已形成百种以上的科学预测方法。在现代社会的各个领域中，预测已成为一种促进自身发展的重要手段和活动。

（一）预测的意义和分类

1. 预测的意义

预测是人们对未来将要发生的事情进行的估计和推测，是根据过去的历史数据和现实的客观条件，运用科学的方法和逻辑推理手段，对其未来的情况进行推测、估计和分析。换言之根据过去和现在判断未来，根据已知推测未知。虽然预测含有主观成分，但却并非毫无科学根据的主观臆测。一项有价值的预测必须建立在对客观事物进行深入研究和充分分析的基础上，抓住过去、现在和未来之间的联系，找出这种联系的内在规律，并根据这些规律描绘出事物未来的状态和特征。因此，预测是一门科学的方法论。

2. 预测的分类

预测是预测方法和手段的总称。由于客观事物的多样性和复杂性，导致预测的种类繁多，但总体上可进行如下分类。

(1)按预测的方法，可分为定性预测法、时间序列预测法和因果预测法。

定性预测法是对研究对象的性质作出描述性分析来预测，是用定性的方法，研究、分析和确定未来事物发展的性质和发展规律。定性预测的数据或结果，不是依据历史统计数据直接计算获取的，而是充分发挥人的智慧、经验的作用，依据直观材料、人的实践和主观判断得到的预测结果。最常见的定性预测方法是德尔菲法。

时间序列预测法是以时间序列所能反映的研究现象的发展过程和规律性，进行引申外推，预测其发展趋势的方法。它是一种以历史作为预测起点的方法，立足于“将来是过去和现在的延伸”的基本原则，主要包括移动平均法、指数平滑法、趋势外推法等。

因果预测法按事物之间的因果关系，知因测果或倒果查因。它是根据预测目的，找出影响某种结果的主要因素，建立数学模型，根据自变量的变化预测因变量的变化。因果预测分析主要有线性回归分析法、投入产出分析法等，是整个预测分析的基础。为了更直观地了解，这三类预测方法可归纳如表 4－1 所示。

表 4－1　预测方法分类

定性预测法	头脑风暴法 德尔菲法 关联树法 类推法 ……	未来预测 科学技术预测 新产品开发预测

续表

时间序列预测法	移动平均法 指数平滑法 周期变动分析法 马氏概率分析法 ……	长、中、短期需求预测 科学技术预测 其他各种预测
因果预测法	线性回归分析法 投入产出分析法 前导指标法	中、短期需求预测 模型预测 其他各种预测

(2)按预测的时间，可分为长期预测、中期预测和短期预测。

不同的预测目的决定着不同的预测期限。长期预测一般为 10～15 年；中期预测一般为 5～10 年；短期预测一般为 1～5 年或更短。由于时间越长，不确定性因素的影响越大，通常预测的期限越长，其预测的精度越差。短期预测较中期预测精确，中期预测较长期预测精确。在预测之前，根据预测对象和要求正确选择预测期限是十分重要的。

(二)预测的步骤

为了保证预测工作的顺利进行，能够为决策提供有价值的情报，必须有组织、有计划地安排其工作进程，通常的预测步骤如下所述。

1. 确定预测目标

预测是为决策服务的，就具体的一项决策活动而言，它有着特定的目的，需要特定的信息。预测者应参照决策的目标确定预测的对象、预测的内容以及预测的期限，以能够为决策提供有价值的信息为预测的宗旨。例如，若为企业制订新产品计划而进行的预测则至少需要以下几种：(1)市场预测，对新产品的市场需求量及其变化前景进行预测；(2)技术预测，对新产品工艺流程的先进性是否已达到可以获取经济效益及获得效益的幅度进行预测；(3)计划效果预测，包括对某项具体投资的预期收入和支出进行预测，对新产品工程的直接经济效益和间接经济效益进行预测，以及对该工程可能给社会和生态环境带来的影响进行预测等。

2. 调查、收集和整理必要的资料，并建立数据库

根据问题的性质和预测目标的要求，广泛收集有关预测对象历史的、目前的资料以及预测的背景材料。尽可能多地占有资料是提高预测有效性的必要前提，收集资料时既要注重量，又要注重质。对收集到的资料进行去伪存真、去粗取精的整理，才能够保证所选用资料的质量。对于一些重要预测，应建立资料档案和数据库，数据的采集取决于指标体系

和数据源，而数据库的建立取决于数据和计算机软件。

3. 选择预测方法和建立预测模型

根据所得资料作出初步分析，找出与预测对象密切相关的影响变量，判断变量间关系的性质，确定变量的数学特征，选定一种或几种预测方法作为预测的主要工具，并按照选择的预测方法建立预测模型。一般来说，预测进行初步分析的途径有三条：一是因果分析，通过研究事物的形成原因来预测事物未来发展变化的必然结果；二是类比分析，通过类比来预测事物的未来发展；三是统计分析，通过一系列的数学方法，对事物过去和现在的数据资料进行分析，揭示出历史数据背后隐藏着的必然规律，给出事物未来的变化趋势。

4. 检验模型，实施预测

预测模型建立之后必须经过检验才能用于预测。模型的检验主要包括参数估计值在理论上是否有意义，统计显著性如何，模型是否具有良好的超样本特性。当然，不同类型的模型检验的方法、标准也不同。评价模型优劣的基本原则有：(1)理论上要合理；(2)统计可靠性高；(3)预测能力强；(4)简单实用。

对于经过检验的模型，定量预测应将实际数据输入数学模型，并将结果外延类推，通过计算将模型推展到未来；定性预测则应利用所选定的预测方法，在某些人和某些群体的主观认识与经验的基础上，通过逻辑推理，对未来加以判断。预测所得的结论即预测结果，其应该是明确的、可检验的。

5. 预测评价

需要对预测结果的精度和可靠性进行预先论证，通过对几种预测方法所得出的结论进行比较，可以估计预测可能出现的误差范围。一般来说，短期预测的误差在 ±3% 之内，中期预测的误差在 ±5% 之内，长期预测的误差不超过 ±15%，均可看作成功的预测。

6. 提交预测报告

将预测结果及预测过程以书面形式表达出来，提交决策者或计划制订人员。其中，应当说明假设前提、所用方法和预测结果合理性判断的依据。

7. 预测结果的事后验证

将预测结果和实际发生的情况做比较，总结经验，为以后预测提供参考。

二、定性预测方法

(一)定性预测方法概述

定性预测，是主要以预测人员的经验判断为依据而进行的预测。预测者根据自己所掌握的实际情况、实践经验、专业水平，对经济发展前景的性质、方向和程度作出判断。其特点是：需要的数据少，能考虑无法定量的因素，简便可行。

定性预测法的前提是用“专家”进行预测，把预测所需的事实、知识和信息交给专家处理，而不是单纯地用数学模型处理。专家通过思维过程作出最佳的预测。有时在定性分析的基础上也可以作出数量估计，因此，定性预测法是一种不可缺少的灵活预测方法。这里，只介绍一种最常用的定性预测方法——德尔菲法。

德尔菲法是兰德公司的一个杰作。现已成为全球120多种预测法中使用率最高的一种。德尔菲法又称专家小组法或专家意见征询法，是由调查组织者制定一系列简明扼要的调查表，按规定程序用匿名方式征求专家意见，经过几轮反复分析判断，进行不断收敛与量化，最后由主持者进行综合分析，确定趋势分析与预测值。

近60年来，德尔菲法已成为一种广泛运用的预测方法。许多决策咨询专家和决策者经常把德尔菲法作为一种重要的规划决策工具。例如，斯坦纳(G. A. Steiner)在其所著的《高层次管理决策》一书中，把德尔菲法当作最可靠的技术预测工具，麦克黑尔(J. Mchale)在对美国未来研究作分类考察时，发现德尔菲法的应用仅次于脚本法。

(二)德尔菲法的特点、原则和参加人员

1. 德尔菲法的特点

(1)匿名性。它要求向每个参加者发一份意见咨询表以获得匿名反应。在整个调查过程中不暴露参加成员的姓名和参加的人数。匿名的目的在于只依照意见本身的价值去判断意见，而避免受发表意见人的声誉、地位等影响。

(2)反馈沟通性。德尔菲法是逐步进行的，要经过几次迭代即几轮询问，每一轮都把收集到的意见经统计处理后反馈给群体中的成员，经过这种信息反馈，使成员的意见逐步集中。

(3)作定量处理。这是德尔菲法的一个重要特点。为了定量评价预测结果，德尔菲法对群体的回答进行统计处理，以概率的形式反映出群体成员意见的集中程度和协调程度，并将其反馈给群体成员，使群体成员对预测结果产生明确的定量认识。

由上述特征可知：德尔菲法是对群体中成员的意见进行统计处理、归纳和综合，经过多次信息反馈，使意见逐步集中，从而作出群体判断的策划方法。

2. 原则

德尔菲法是一项技术性很强的预测方法，一般必须遵循下述原则。

(1)必须选择有关事先同意的专家参加策划。

(2)向专家说明德尔菲法的程序，参加专家彼此之间不能就策划问题进行接触。

(3)调查表要简明扼要，所提问题不能模棱两可，以便于专家明确回答。

(4)每一名专家至少有一次修改自己主观意见的机会。

(5)保证反馈意见的客观性，切忌把主持者的意见强加进去。

3. 参加人员

德尔菲法的参加人员包括三部分。一是策划委托人，他提出问题，要求进行德尔菲法分析并使用分析的结果。二是专业人员，由他们负责德尔菲法实施中的技术问题，包括设计、收集咨询表并整理咨询的意见等。这两部分人是德尔菲法的组织者。三是应答者，他们是征求意见的对象，是制定决策的群体成员，通常是各方面的专家。

(三)德尔菲法的实施步骤

德尔菲法的具体实施可以分为四轮九步。

1. 第一轮

第一步，提出问题，即提出要作策划的中心问题。

第二步，选择和确定群体的成员。

第三步，制定第一个调查表，并把它发放给群体成员。这个调查表只提出策划的问题和要达到的目标，而由群体成员提出达到目标的各种可能方案。

第四步，组织者收回第一个调查表并进行分析。这时需要对成员们提出的策划方案进行筛选、分类、归纳和整理，合并相似的方案，删除对特定目的不重要的方案，厘清方案或事件之间的关系，以准确的技术语言和简洁的方式制订方案或事件的一览表。

2. 第二轮

第五步，制定第二个调查表并发放给群体成员。这时要将根据第一轮调查结果整理成的一览表发给群体成员，开始新一轮的调查。这一轮除了要求应答者对表中所列各项方案或事件继续发表补充或修改意见外，还要进行评估，选择最佳方案，或对所有方案进行排序。

第六步，收集第二个调查表，对意见、方案进行统计分析，再制定第三个调查表。这个表中除了有统计的结果外，还应当把成员所说明的理由作一小结。这个小结既要通俗易懂，又要正确反映成员间的不同意见。

3. 第三轮

第七步，组织者把第三个调查表发给群体成员，要求他们审阅统计的结果，了解意见的分歧和持各种意见的理由，再对方案或事件作出新的评估。同时，在这一步允许群体成员作匿名的辩论。

第八步，组织者回收第三个调查表，处理收集到的意见和新的方案，对成员间的辩论作出小结。至此，完成了德尔菲法的三轮。

4. 第四轮

第九步，进行第四轮咨询。这只是第三轮的重复。在第四轮末收集和整理第四个调查表的结果。一般情况下，专家的意见这时便可取得相当的一致，预测组织者可以据此得出最终的结论。

（四）德尔菲法运用的注意事项

要做好一次成功的德尔菲法，相当不容易，有若干易犯错误应予避免。

(1)考虑专家的广泛性，并根据预测结果的保密性，考虑是否需要聘请外界专家。

(2)德尔菲法能否成功，要看这些专家是否全心全意且不断地参与。因此，必须先获得对方的承诺，并解说其研究目的、程序、安排、要求和激励方法。

(3)问题必须提得非常清楚明确，其含义只能有一种解释，要消除任何不明确或容易产生多义的情况，因而问题不能讲得太简单或太烦冗。

(4)问题要构成一个整体，不要分散，数量不能太多，最好不超过2小时就能答完一轮。问卷形式必须易于填答，也就是说，问卷需容易阅读，答案应该为选择式或填空式，希望能有评论时应留出足够的空白，回件的信封及邮票须一并备妥，等等。

(5)无论在何种情况下，组织者须避免将自己的看法暴露给成员。任何成员均不应知道其他成员的名字，这种不具名方式才能确保对概念及意见的判断公正。

(6)要有足够的人员处理问卷。如果只有一个讨论会，则一位职员加上一名秘书就已足够。但若不止一个，应相应增加人手。

（五）对德尔菲法的评价和发展

1. 评价

德尔菲法的优点在于集体性、匿名性、客观性和统计分析性。它的缺点主要在于两点。第一点，直观性。德尔菲法基本上是直观预测法，在很大程度上受到专家个人观念、知识、经验等条件的制约。第二点，缺乏严格考证。由于讨论的结果不是会上激烈辩论得来的，因而其论证往往不充分，并容易排除掉少数人的正确意见。

2. 德尔菲法的发展

发展了的德尔菲法的主要特点有以下几点。

(1)取消第一轮咨询，由组织者根据已掌握信息直接拟订若干方案以减轻应答群体的负担并缩短周期。

(2)提供背景材料和数据信息，以缩短成员查找资料和计算数据的时间，使群体成员能在较短时间内作出正确的判断。

(3)部分取消匿名和部分取消反馈。匿名和反馈本来是德尔菲法的重要特点，但在某些情况下，将匿名询问与口头讨论相结合，会有利于加快进程。同时随着计算机技术的发展，还出现了采用足够数量的计算机终端装置用于传递信息和编制整理各次循环的结果，缩短了应答周期，加快了德尔菲法的进行。

德尔菲法是建立在专家们主观判断的基础上的，特别适用于客观材料和数据缺少情况下进行策划。它是系统分析方法在意见和价值判断领域内的一种有益延伸，突破了传统的数量分析限制，为更科学地进行策划开辟了新的道路。由于能够对未来发展中的各种“可能出现”和“期待出现”的前景作出概率估计，德尔菲法为策划者提供了多方案选择的可能性。

第二节　决策技术

一、决策概述

（一）决策的定义

何谓决策？其定义众说纷纭。但有一点是共同的，即决策是人们为了达到某一目标而从多个实现目标的可行性方案中选出最优方案的抉择。通常讲的领导“拍板”，指的就是决策，但绝不能把决策仅仅理解为一瞬间的“拍板”，它包括提出问题、收集资料、预测未来、确定目标、拟订方案、分析估计和优选以及实施中的控制和反馈、必要的追踪等全过程。决策定义的内涵包括：①决策是为解决某一问题作出的决定；②决策是为达到确定的目标，没有目标就没有方向，也无法决策；③决策是为了正确行动，不准备实践，用不着决策；④决策是从多种方案中作出的选择，没有比较，没有选择，就没有决策；⑤决策是面向未来的，要作出正确的决策，就要进行科学的预测。人的任何活动都离不开决策。

（二）决策的基本要素

决策是一项系统工程，组成决策系统的基本因素有决策主体、决策目标、决策对象和决策环境，四者是相互联系的一个有机整体。

1. 决策主体

决策主体可以是一个人，也可以是一个集体。它是进行科学决策的基本要素，也是诸要素中的核心要素和最积极、最能动的因素。它是决策成败的关键。在制定重大经营决策时，必须发挥决策的群体效应，提倡科学的思维方法，同时要具备良好的品德修养。

2. 决策目标

决策是围绕决策目标展开的，决策活动的开端是确定目标，终端是实现目标。决策目标体现着决策主体的利益和主观愿望。确定正确的决策目标，是科学决策的关键环节。

3. 决策对象

决策对象是决策的客体。决策的对象包括人类活动的各个方面。决策对象的一个共同特点是人的行为可以施加影响。

4. 决策环境

决策环境是指相对于主体、构成主体存在条件的物质实体或社会文化要素。决策不是在一个封闭的系统中进行的，而是依存于一定的环境，同环境进行物质、能量和信息的交换。

（三）决策的一般过程

根据决策的含义，人们做决策工作时，应从决策的目标出发，根据对自然状态的科学分析，合理地选择所采取的策略。决策过程是指从问题提出到作出决策所经历的过程，是一个逻辑分析与综合判断相结合的过程。其大致要经历以下六个阶段。

1. 确定问题

决策是为了解决某一个问题或达到一定的目标，一切决策都从问题开始。所谓问题，就是认识主体与认识客体之间的矛盾。问题产生的来源很多，发现问题的方法也有很多，当出现以下情况时，往往意味着问题产生：①当情况发生变化时；②当环境发生变化时；③当运行与计划目标发生偏差时；④当管理工作受到各种批评时。

2. 确定决策目标

决策是为了解决问题，在所要解决的问题明确之后，还要进一步指出该问题应当解决到什么程度，这就是决策目标的确定。目标应该具体、明确，可以计量其结果，以便进行考核；可以规定时间，以便在拟订方案时有所参考；同时还应明确由谁来对这项目标负责。

3. 设计多种可能方案

针对决策目标，根据已掌握的信息，拟订各种备选方案。拟订可行方案时要注意以下问题。

(1)任何决策至少要拟出两个可行方案，否则就无从比较，谈不上科学决策。

(2)要明确列出各个方案中的限制性因素。

4. 分析评估备选方案

对所拟订的每一个行动方案，应从定性和定量两个方面加以分析与评估，明确各个方案的利弊，从而为方案选择奠定基础。

5. 选择满意方案并付诸实施

在对各种方案分析评价的基础上，决策者最后要从中选择一个满意方案并付诸实施。在决策时要注意：(1)任何方案均有风险；(2)不要一味追求最佳方案；(3)在最终选择时，应允许不做任何选择。

决策的目的在于行动，否则再好的决策也没有用处，所以方案实施是决策过程的重要步骤。一旦作出决策，就要予以实施。实施决策，首先应当制订一个实施方案，包括宣布决策、解释决策、分配实施决策所涉及的资源和任务等。要特别注意，争取他人对决策的理解和支持，是任何决策得以顺利实施的关键。

6. 监督与反馈

由于决策的成败在很大程度上取决于执行情况，因此在实施中，要注意监督，一旦发现失误，及时反馈，并加以改变和调节，以保证决策的顺利实施。

(四)决策的类型

决策的分类方法很多。通常，可以从不同的角度、按不同的标准，对决策问题进行分类。

1. 按决策的重要性，可将其分为战略决策、策略决策与执行决策

战略决策是涉及全局性、长远问题，具有深远影响的决策，通常包括目标、方针的确定，机构的调整，企业产品的更新换代，技术改造等。

策略决策又称战术决策。这是为了实现战略决策目标，在人、财、物等资源方面的准备和组织所进行的决策，旨在实现各环节的高度协调和资源的合理使用。如企业生产计划和销

售计划的制订、设备的更新、新产品的定价以及资金的筹措等，都属于策略决策的范畴。

执行决策又称业务决策，是根据策略决策的要求对执行行为方案的选择，是日常工作中为提高生产效率、工作效率而作出的决策。执行决策牵涉范围较窄，只产生局部影响。属于业务决策范畴的有：工作任务的日常分配和检查、工作日程(生产进度)的安排和监督、岗位责任制的制定和执行、库存的控制以及材料的采购等。

2. 按决策变量能否用数量表示，可将其分为定量决策和定性决策

定量决策是指决策目标与决策变量等可以用数量来描述的决策，如企业管理中有关提高产量降低成本之类的决策就属于定量决策。

定性决策是指决策目标与决策变量等不能用数量来描述的决策。这类决策一般难以用数学方法来解决，而主要依靠决策者的经验和分析判断能力。

定量和定性的划分是相对的。在实际分析中，进行定量分析之前，往往要进行定性分析，而对于一些定性分析问题，也尽可能使用各种方式将其转化为定量分析。

3. 按决策环境因素的可控程度，可将其分为确定型决策、风险型决策与不确定型决策

确定型决策是指决策环境是完全确定的，作出选择的结果也是完全确定的。在确定型决策中，决策者确切知道自然状态的发生，每个方案只有一个确定的结果，最终选择哪个方案取决于对各个方案结果的直接比较。

风险型决策也称随机决策。在这类决策中，自然状态不止一种，决策者不能知道哪种自然状态会发生，但能知道有多少种自然状态以及每种自然状态发生的概率。

不确定型决策是指在不稳定条件下进行的决策。在不确定型决策中，决策者可能不知道有多少种自然状态，即便知道，也不能知道每种自然状态发生的概率。

4. 按决策影响的时间，可将其分为长期决策与短期决策

长期决策是指有关今后发展方向的长远性、全局性的重大决策，又称长期战略决策，如投资方向的选择、人力资源的开发和规模的确定等。

短期决策是为实现长期战略目标而采取的短期策略手段，又称短期战术决策，如企业日常营销、物资储备以及生产中资源配置等问题的决策都属于短期决策。

二、确定型决策

如前所述，按决策环境因素的可控程度，可将其分为确定型决策、风险型决策与不确定型决策三种。下面，我们将介绍确定型决策的含义及常用的确定型决策分析方法。

（一）确定型决策概述

1. 确定型决策的含义

确定型决策是指决策者面对的决策问题中每个抉择行动只能产生一个确定的后果，可以根据完全确定的情况选择最满意后果的行动方案。

2. 应用确定型决策方法的条件

(1)存在决策者期望达到的一个决策目标。

(2)只存在一个确定的自然状态。

(3)存在两个或两个以上的备选方案，供决策者选择。

(4)每一个备选方案在确定状态下的损益值可以计算出来。

一般情况下，绝对符合上述条件的确定型问题并不多，但对问题如果做一些简化处理，就能近似符合上述条件，因此对确定型决策问题研究仍有其现实意义。

3. 确定型决策的一般方法

确定情况下最优方案的抉择标准是使所选行动方案的收益(或损失)函数达到最大值(或最小值)。归纳起来，有以下两类决策方法。

(1)单纯选优决策法。在某些情况下，决策者遇到行动方案有限，掌握的数据资料无须加工计算的决策问题，可以逐个比较直接选出最优方案或最优行动。这时就可以采用单纯选优决策法，通过将所对应的有限个后果进行比较择优来确定行动的方案。

(2)模型选优决策法。在另外一些情况下，决策者遇到行动方案有无限个，或者是用连续型变量表示的决策问题。这时，简单的单纯选优决策法不再适用，需要对不同的模型选择相应的寻优方法来确定最优行动方案。模型选优决策法有很多，主要有盈亏平衡分析法、经济批量法、线性规划法等。

（二）量本利分析法

1. 量本利分析法的概述

(1)量本利分析法的含义。量本利分析法是依据与经营管理决策方案相关的业务量(产量或销售量)、成本、利润之间的相互关系建立模型，分析评价决策方案优劣的一种重要方法，也叫盈亏平衡分析法。这里，业务量通常指销售活动水平，可用数量和金额表示，成本包括本期的变动成本和固定成本，量本利分析所计算的利润通常指企业交纳所得税前的利润。了解销售量、成本、利润之间的关系，对制订合理的决策方案很有帮助。

(2)量本利分析法的基本思想。量本利分析法是通过比较产品的生产成本和产品的销售利润，确定企业不亏不盈（即盈亏平衡）时的生产批量（即盈亏平衡点或称保本点），然后以此盈亏平衡点为依据进行决策分析。

（3）成本、业务量、利润之间的关系。企业进行量本利分析时，应按成本与业务量的关系，把成本划分为变动成本和固定成本。凡成本总额与业务量的总额成正比例增减变动的，叫作变动成本。凡成本总额在一定时期和一定业务量（产量或销售量）范围内，不受业务量增减变动影响而固定不变的，叫作固定成本。此外，还有一些成本项目其总额虽然也随业务量的增减而变动，但不成正比，一般叫作混合成本。对于混合成本，应采用一定的技术方法，如高低点法、回归分析法将其分为变动成本和固定成本两部分。把企业总成本分为变动成本和固定成本是运用量本利分析方法的基础。

成本、业务量、利润之间的关系一般可用下列公式表示：

$$利润 = 销售收入 - 销售成本$$

或

$$利润 = 销售收入 - 变动成本 - 固定成本$$

或利润 = 产品销售量 × 单位产品的售价 − 产品销售量 × 单位产品的变动成本 − 固定成本

2. 方程法量本利分析

（1）方程法的含义。方程法量本利分析是用方程式表示成本、业务量和利润之间的依存关系，并利用方程式求出在其他因素已知的条件下的某一未知因素的数值，为管理提供需要的信息。

（2）利润的一般计算方程为：

$$预期利润 = 销售额 - 总成本$$

此方程式可转换为：

$$销售额 = 总成本 + 预期利润$$

由于成本可分解为固定成本和变动成本，因而上式可表述如下：

$$销售额 = 固定成本 + 变动成本 + 预期利润$$

（3）确定保本点销售量。所谓保本点销售量就是企业预期利润为零时的销售量，即企业销售收入等于总成本，可用下式表示：

$$保本点销售量 \times 单位产品的售价 = 保本点销售量 \times 单位产品的变动成本 + 固定成本$$

$$即，保本点销售量 = \frac{固定成本}{单位产品的售价 - 单位产品的变动成本}$$

假设以 F 为固定成本，C_V 为单位产品的变动成本，Q 为保本点销售量，P 为单位产品售价，则上式可表述为：

$$Q = \frac{F}{P - C_V}$$

例 4－1 某公司打算投资 400 万元引进一条生产线。通过预算发现该生产线的年生产能力为 5 万件，预计年销售量为 3 万件，新产品预计售价为每件 125 元，单位变动成本预计为 75 元，每年固定成本总额预计为 60 万元。管理人员想要知道该生产线能否投资。

解：要知道该生产线能否投资，可用量本利方程式求保本点销售量。

$$保本点销售量=\frac{固定成本}{单位产品的售价-单位产品的变动成本}$$

$$Q=\frac{F}{P-CV}=\frac{60}{125-75}=1.2(万件)$$

由于该生产线的预期年销售量(3 万件)大于保本点销售量(1.2 万件)，说明该生产线是一项可以盈利的投资。

3. 图示法量本利分析

图示法量本利分析是指可以用图形描述量本利之间的关系，形象而直观地提供销售量的变化对利润的影响程度。现分步说明图形的绘制方法。

仍以例 4－1 的实例，研究图示法的要领。

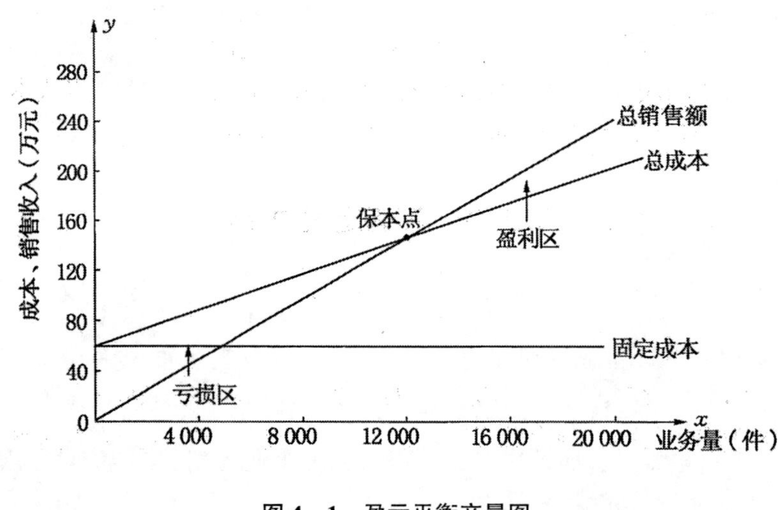

图 4－1 盈亏平衡产量图

(1)总销售额线。为了绘制总销售额线，需要从横轴与纵轴相交的“0”点开始，可以选择任一销售业务量并确定其销售额。在本例中，选定 20 000 件销售量，在此点的总销售额为 250 万元(125 元/件 ×20 000 件)，在图 4－1 内用垂直的和平行的两条虚线表示。在两条虚线相交的地方画个点，然后从“0”点通过此交点画一条线即为总销售额线。

(2)固定成本线。在本例中，生产规模 0 件至 50 000 件，固定成本为 60 万元，因此，从纵轴上 60 万元那一点，平行于横轴画出 0 件至 50 000 件这段直线，即固定成本线。

(3)总成本线。总成本线代表固定成本与变动成本相加的数额。为了画这条线，首先确定任一业务量水平的变动成本总额，在20 000件销售量时，其变动成本总额为150万元(75元/件×20 000件)。在此销售水平，总成本为210万元(150万元的变动成本加60万元的固定成本)。因此，可以在20 000件与210万元相交处画一个点，然后从纵轴上60万元那一点通过此点画一直线，这条线从60万元画出是因为在销售量为“0”件时其总成本为60万元，即固定成本总额，根据总成本线我们可以确定某一特定销售量的总成本。

(4)保本点。保本点是用总销售额线与总成本线的交点，即总销售额等于总成本那一点。在本例中，此点的销售量为12 000件，销售额为150万元。

(5)盈利区。保本点右方的总销售额线与总成本线之间的区域为盈利区。此区域内任何销售量均导致盈利，可以通过自总销售额线读出的销售额减去自总成本线读出的总成本确定任何销售水平的利润额。例如，假定销售量为20 000件，根据总销售额线，在纵轴上读出总销售额为250万元。根据总成本线，在纵轴上读出总成本为210万元，总销售额线与总成本线之间的差额为40万元，即利润。

(6)亏损区。保本点左方的总销售额线与总成本线之间的区域为亏损区。应当注意，在保本点左方，总成本线位于总销售额线的上方，此区域内企业亏损，因为总成本超过总销售额。可以用在保本点右方确定利润相同的程序确定在保本点左方任何业务量水平的亏损数额。

量本利分析模型告诉我们：只有当产品的单价大于单位变动成本边际贡献大于零时，才存在保本点。有时企业产销量达不到保本点，企业还会继续生产，这是因为继续生产虽然不能盈利，但可以减少亏损，条件仍然是边际贡献大于零。边际贡献大于零，则表示企业生产这种产品除可收回变动成本外，还有部分收入可用以补偿已经支付的固定成本。因此，产品单价即使低于成本，但只要大于变动成本，企业生产该产品还是有意义的。

三、不确定型决策

某些待决策的事项存在几种可能出现的自然状态，但没有充分的资料来确定每一种自然状态发生的概率，对这类问题所进行的决策称为不确定型决策。进行这类决策时，由于决策者对各种自然状态发生的概率无法知道，因此它完全取决于决策者的经验、决策者对未来状态分析判断的能力以及决策者审时度势的胆略和精确程度。很显然，决策者主观意识不同，决策的出发点也就不一样。对于不确定型决策，决策者所采用的决策准则，具有很大程度的主观随意性。常用的不确定型决策准则有：最大最小值准则、最大最大值准则、乐观系数准则、最小最大后悔值准则、等概率准则等。

(一)最大最小值准则

1. 基本概念

最大最小值准则，也称“坏中求好”决策准则或悲观决策准则。持这种准则的决策者，都是对未来事件结果估计比较保守的。最大最小值准则先找出各方案中的最小收益值，然后从最小收益值中选择收益值最大的方案作为最优方案。它力求从不利的情况中寻求较好的方案，即从坏处着眼向好处努力。

最大最小值准则反映了决策者的一种悲观情绪，体现了决策者的一种保守思维方式。对于不确定型决策问题，如果决策者认为形势比较严峻，在未来发生的各种自然状态中，最坏状态发生的可能性较大，一般采用最大最小值准则。

2. 决策步骤

采用最大最小值准则进行不确定型决策分析，一般按如下步骤进行：(1)确定决策问题的各种可行方案以及面临的各种客观情况，即自然状态；(2)拟订决策问题的备选方案；(3)计算和比较各行动方案在不同自然状态下的收益值，并确定每一个行动方案的最小收益值；(4)取最小收益值中最大的方案作为最优方案。

例 4－2 某企业拟试制一种新产品投放市场，由于缺乏历史资料和统计数据，企业对这种产品的市场需求量只能大致估计为四种情况：较高、一般、较低、很低，因此生产企业考虑有四个可行方案，四个方案在四种状态下的收益值如表 4－2 所示。要求：用最大最小值法进行决策。

表 4－2　最大最小值准则决策表

方案	在各种自然状态下的企业年收益值(万元)				最小收益值(万元)
	较高	一般	较低	很低	
A	500	300	－100	－250	－250
B	750	420	－130	－300	－300
C	450	200	100	50	50
D	480	250	150	100	100

解：①找出各方案的最小收益值。它们分别为：－250 万元，－300 万元、50 万元和 100 万元。

②找出最小收益值中的最大值为 100 万元。

③决策。最小收益值中的最大值所对应的方案为 D 方案，将该方案作为决策方案。

3. 最大最小值准则的优缺点

最大最小值准则是在收益最少、最不利的自然状态中进行选择，最后决定的方案是在最不利的情况下的最好方案，因此这是一种比较保守的决策方法。

这种方法的优点是风险较小，对比较谨慎和对未来持较悲观态度的决策者以及承担风险能力较小的企业，易倾向于采用此种决策方法。

这种方法的缺点是：有可能失去获得高额利润的机会。对上面所举例子而言，如果市场需求较高，采用D生产方案比采用B生产方案要减少盈利270万元。

（二）最大最大值准则

1. 基本概念

最大最大值准则，也称"好中求好"决策准则或乐观决策准则。它是从最好处着眼，采用较为冒险的决策准则，先找出各方案中的最大收益值，然后从各最大收益值中选择收益值最大的方案作为最优方案。

这种决策准则往往是决策者对未来充满信心时做出的，它带有一定的冒险性质，反映了决策者冒进乐观的态度。对于不确定型决策问题，决策者认为形势十分乐观，在未来发生的各种自然状态中，最好状态发生的可能性较大，一般采用最大最大值准则。

2. 决策步骤

采用最大最大值决策法进行不确定型决策分析一般按如下步骤进行：(1)确定决策问题的各种可行方案以及面临的各种客观情况，即自然状态；(2)确定决策问题的备选方案；(3)计算、比较各行动方案在不同自然状态下的收益值，并确定每一行动方案的最大收益值；(4)取最大收益值最大的方案作为最优方案。

例4－3　资料同例4－2，用"最大最大值"准则进行决策(见表4－3)。

解：①找出各方案的最大收益值。它们分别为：500万元、750万元、450万元和480万元。

②找出最大收益值中的最大值为750万元。

③决策。最大收益值中的最大值所对应的方案为B方案，将B方案作为决策方案。

表4－3　最大最大值准则决策表

方案	在各种自然状态下的企业年收益值(万元)				最大收益值(万元)
	较高	一般	较低	很低	
A	500	300	－100	－250	500
B	750	420	－130	－300	750
C	450	200	100	50	450
D	480	250	150	100	480

3. 最大最大值准则的优缺点

最大最大值准则是一种比较乐观而积极的决策方法，常常为一些敢冒风险、勇于进取的决策者和实力雄厚的企业组织所采用。它的优点是：有可能夺取最好的效果。其缺点是：承担的风险较大。在本例中，假如销路差，B 生产方案反而会亏损 300 万元。

一般地，除了特殊情况(如绝处求生)外，采用该种决策方法都强调一个基本前提：最好状态发生，恰好如愿；最坏状态出现，损失不重。如果违背这个前提，决策就是不明智的。

(三)乐观系数准则

1. 基本概念

在实际决策过程中，人们一般会嫌最大最小值准则过于保守、悲观，不愿采用，嫌最大最大值准则过于乐观、冒进，也不愿采用。在这种情况下便产生了乐观系数准则。这种准则主张折中平衡，既不乐观，也不悲观，以一个系数 a 代表乐观度，来进行综合决策，因此，有人也把此种决策准则称为折中准则或乐观系数决策准则。

2. 决策步骤

(1)确定乐观系数。运用乐观系数准则决策时，需要确定一个乐观系数作为对乐观程度的一个基本估计，用 a 表示，$0 \leqslant a \leqslant 1$。$a$ 越接近于 1，表示决策者越乐观；越接近于 0，表示决策者越悲观。

(2)计算各方案的调整收益值。当乐观系数确定后，对最大收益值和最小收益值进行折中调整，算出各方案的调整收益值：

$$调整收益值 = a \times 最大收益值 + (1 - a) \times 最小收益值$$

(3)进行比较，以调整收益值最大的方法作为最优方案。

例 4－4 资料同例 4－2。用乐观系数准则法进行决策($a = 0.7$)。

解：按照表 4－1 的数据和乐观系数 $a = 0.7$，算出各方案的调整收益值，如表 4－4 所示。

表 4－4 各方案的调整收益值计算表

方　案	最大收益值(万元)	最小收益值(万元)	调整收益值(万元)
A	500	－250	275
B	750	－300	435
C	450	50	330
D	480	100	366

比较计算结果，B 方案的调整收益值最大，为最佳方案。

由此，不难看出，当 $a=1$ 时，这种方法就变成乐观准则决策方法。当 $a=0$ 时，这种方法就变成悲观准则决策方法。

3. 乐观系数准则的优缺点

乐观系数准则，本质上是一种指数平均法，采用的是介于最小收益值和最大收益值之间的决策标准。这种决策方法属于一种既稳妥又积极的决策方法。

但是，我们应该看到，乐观系数准则决策法存在两个严重的缺点：

(1) 在实际应用中，乐观系数不易确定。乐观系数对决策有较大的影响。乐观系数测定不同，其决策方案必然不同。乐观系数的不易确定性，反映了不确定型决策的本质。

(2) 在理论上，乐观系数准则决策法还存在一个严重的缺陷。它虽然克服了最大最小值和最大最大值的两种极端倾向，但也只注意到最好和最坏这两种形态。在决策分析中，乐观系数准则没有充分利用收益函数所提供的全部信息。这一缺陷，自然会影响乐观系数准则的决策效果。

(四) 最小最大后悔值准则

1. 基本概念

决策者在选定方案后，如实践证明自然状态比原先估计的要好，那么就遭受了机会损失，决策者将会为此而后悔。机会损失越大，则后悔感就越强。最小最大后悔值准则，就是要求决策者在选择决策方案之前，必须考虑到这种后悔感，尽量使决策方案所产生的后悔感最小。

后悔的程度用每个方案的最大收益值与所采取的方案的收益值之差来衡量，称为后悔值。

最小最大后悔值准则是对每个方案求取其最大后悔值，选取最大后悔值最小的方案作为最优方案。

2. 决策步骤

首先，找出各种自然状态下的最大收益值。

其次，分别求出各自然状态下各个方案未达到理想的后悔值，并确定每一行动方案的最大后悔值。

$$后悔值 = 最大收益值 - 方案收益值$$

最后，选取最大后悔值最小者所对应的方案作为最优策略。

例 4－5　资料同例 4－2。用最小最大后悔值准则决策决定最优方案。

解：①找出各种自然状态的最大收益值，如表 4－5 所示。

表 4－5　各种自然状态的最大收益值

方　　案	在各种自然状态下的企业年收益值(万元)			
	较高	一般	较低	很低
A	500	300	－100	－250
B	750	420	－130	－300
C	450	200	100	50
D	480	250	150	100
最大收益值	750	420	150	100

②将对应每种自然状态的各项收益值从相应的最大值中减去，求出后悔值如表 4－6 所示。

表 4－6　各方案对应各种自然状态的后悔值

方　　案	在各种自然状态下的后悔值(万元)				最大后悔值（万元）
	较高	一般	较低	很低	
A	250	120	250	350	350
B	0	0	280	400	400
C	300	220	50	50	300
D	270	170	0	0	270

③找出各个方案的最大后悔值，见表 4－6。

④从最大后悔值中选择最小值。其所对应的方案为最优方案。D 方案的后悔值最小，所以 D 方案是最优的决策方案。

3. 最小最大后悔值准则的优缺点

与最大最小值准则类似，最小最大后悔值准则也是从最坏处着眼，因而也具有保守性质和悲观情绪。但是，这一原则不是从收益考虑，而是从损失考虑，故能避免过于保守的结果。

在实际应用中，最小最大后悔值准则一般比较适用于有一定基础的中小企业。因为这类企业一方面能承担一定风险，因而可以不必太保守；另一方面又不能抵挡大的灾难，因而不能像最大值准则那样过于冒进。对于这类企业来讲，采用最小最大后悔值准则进行决策属于一种稳中求发展的决策。

另外，竞争实力相当的企业在竞争决策中也可采用此法。因为竞争者之间有一定实力，必须以此为基础进一步开拓，不可丧失机会。但又不宜过激，否则欲速则不达，危及基础。因此，在势均力敌的竞争中，采用此法既可以稳定已有地位，又可使市场开拓机会的丧失降到最低限度。

（五）等概率准则

1. 基本概念

有时，决策者在决策过程中不能肯定哪种自然状态容易出现，哪种自然状态不容易出现，只好假定各自然状态发生的概率都彼此相等，即每一个自然状态发生概率数都是1/状态数。在此基础上，计算各个方案的期望收益值，然后进行比较，选择期望收益值最大的方案作为最优方案。等概率准则也叫拉普拉斯准则。

2. 决策步骤

首先，计算各个行动方案的期望收益值。其次，把期望收益值最大的方案取作最优方案。

同样，如果我们计算的是同等概率条件下的损失值，那么具有最小期望损失值的方案就是最优方案。

例4－6　资料同例4－2，4种自然状态发生的概率均是1/4。用等概率准则决策法决定最优方案，如表4－7所示。

表4－7　各方案等概率期望收益值

方　案	在各种自然状态下的企业年收益值(万元)				等概率期望收益值(万元)
	较高	一般	较低	很低	
A	500	300	－100	－250	112.5
B	750	420	－130	－300	185
C	450	200	100	50	200
D	480	250	150	100	245

由计算结果可以看出，D方案的等概率期望收益值最大，为245万元，因此，D方案为最优方案。

3. 等概率准则的优缺点

等概率准则可以看作将不确定型问题演变成风险型问题来处理，唯一不同的是，决策者将难以判定的各种自然状态发生的概率假定为一个等值。尽管如此，我们还是应该承认，等概率准则，既继承了乐观系数准则有关系数调整的优点，又克服了乐观系数准则没有充分利用收益函数所提供的全部信息这一缺点，因此，当决策者在对自然状态的可靠性难以判断的时候采用此法，不失为一种既进取又稳妥的决策方法。

但是，我们对等概率准则也不宜过于迷信。这是因为，等概率准则一般只适用于有限状态的参数空间(即状态参数只取有限个值)的情形，对无法估计的无限状态则无能为力。

另外，等概率准则是假设所有状态都出现，而且都以相等的机会出现，这个假设前提本身就是有问题的，很难与事实发展相吻合。同时，这种决策法掩盖了状态发生的主次，因此，决策者如果不分情况地加以运用，会不可避免地增加某些情形下的决策后悔值。

第三节　网络计划技术

一、网络计划技术概述

网络计划技术是20世纪50年代中期发展起来的一种科学的计划管理技术，是运筹学的一个组成部分。网络计划技术中的关键路线法(critical path method，CPM)和计划评审技术(program evaluation and review technique，PERT)是两种分别独立发展起来的技术，最早出现在美国。

PERT和CPM都是用网络图制订计划，这两种方法的共同点就是作业间的关系属肯定型(即某作业完成后接下去干什么是客观确定的，并不要等到那个作业完成的时候根据情况而定)。两者在发展初期存在的不同主要有两点。

(1)PERT的作业时间(工期)上有三个估计值(最乐观工期 a、最可能工期 m、最悲观工期 b)，而真正用来计算的作业工期为 $(a+4m+b)/6$(这种加权平均法套用了概率论中 β 分布的原理)。而CPM的作业时间(工期)只有一个估计值。

PERT从本质上说是或然论的，每个活动时间基于 β 分布，预期时间期限基于正态分布。CPM基于单一的时间估算，从本质上说是决定论的。

(2)CPM不仅考虑时间，还考虑费用，重点在于费用和成本的控制，常用于有精确的时间预算，并有较强的资源依赖性的研究项目。PERT主要用于含有大量不确定因素的大规模开发研究项目，重点在于时间控制，常用于估算时间的风险具有高度可变性的研发项目。

现在，这两种方法在实际应用中常常被结合使用，两者几乎合二为一。因此，网络计划技术是计划评审技术和关键路线法等有关技术的统称。因为这些方法都是建立在网络模型基础上的，所以统称为网络计划技术。

20世纪60年代，数学家华罗庚首先在我国推广网络计划技术，并定名为统筹法。例如，1977年山西省大同口泉车站运用网络计划技术解决煤的装运问题，从日装车700辆增加到1 000辆。1978年冬，四川省攀枝花钢铁公司一号高炉大修，按冶金部部署的计划需75天完成，运用统筹法只用了54天，提前21天投产。这些显著的效益是在原有的人、财、物等资源条件不变的条件下，仅仅依靠运用网络计划技术(统筹法)进行统筹安排的结果。这是典型的“管理出效益”。

美国人甘特发明了一种简便易行，应用方便被称为横道图的计划方法，它可以明确地反映计划期内各项工作的开始时间和必须完成的时间，至今一直广泛应用于很多领域，但这种计划方法不能清楚地指出各项工作间的相互关系，也不能表现各项工作之间的矛盾关系，还不能进行方案的优化处理。而网络计划技术具有许多传统计划技术所不具有的优点，具体表现为以下几项。

(1)它能充分反映工作之间的相互联系和相互制约关系，也就是说，工作之间的逻辑关系非常严格。

(2)它能告诉我们各项工作的最早可能开始、最早可能结束、最迟必须开始、最迟必须结束、总时差、局部时差等时间参数，它所提供的是动态的计划概念；而横道图只能表示出工作的开始时间和结束时间，只提供一种静态的计划概念。

(3)应用网络计划技术，可以区分关键工作和非关键工作。通常情况下，当计划内有10项工作时，关键工作只有3～4项，占30%～40%；有100项工作时，关键工作只有12～15项，占12%～15%；有1 000项工作时，关键工作只有70～80项，占7%～8%；有5 000项工作时，关键工作也只有150～160项，占3%～4%；据说世界上曾经有过10 000项工作的计划，其中关键工作只占1%～2%。因此，工程负责人和领导同志只要集中精力抓住关键工作，就能对计划的实施进行有效的控制和监督。

(4)应用网络计划技术可以对计划方案进行优化，即根据我们所要追求的目标，得到最优的计划方案。

(5)网络计划技术是控制工期的有效工具。管理工作条件是千变万化的，网络计划技术能适应这种变化。采用网络计划，在不改变工作之间的逻辑关系，也不必重新绘图的情况下，只要收集有关变化的情报，修改原有的数据，经过重新计算和优化，就可以得到变化以后的新计划方案。这就改变了使用横道图计划遇到施工条件变化就束手无策、无法控制进度的状况。

(6)网络计划的新形式能够和先进的电子计算机技术结合起来，从计划的编制、优化到执行过程中的调整和控制，都可借助电子计算机来进行，从而为计划管理现代化提供了基础。

网络计划方法的实际应用表明，它是一种十分有效的科学管理方法。现在，网络计划方法不仅广泛应用于时间进度的安排上，而且也应用在资源的分配和费用的优化等方面。这种方法特别适用于大型复杂系统和工程项目的计划管理与对时间的有效控制，对于一次性或重复较少的工程项目有明显的优越性，例如新产品的研制、项目开发、建筑施工、人力物力资源配置、长远发展规划制订等，越是复杂、头绪众多、协调频繁、时间紧迫的任务，使用网络计划方法的效果就越显著。

随着现代管理理念的发展和推广，网络计划技术不仅局限于工程建设中，在信息技术领域、在咨询开发领域甚至在服务性领域中可应用于时间的计划管理、成本的计划管理、资源的调配和生产的调度，还应用于一些目标的完成，如设计开发一个应用软件、推广介绍一种新产品、组织一次旅游、安排一个演出活动等。每个项目都可以用到网络计划技术，网络计划技术在现代管理中将日益发挥出重要作用。其作用主要表现为以下几项。

(1)用于时间的计划管理。美国的北极星导弹潜艇的研制，共涉及 8 家总承包公司、250 家分公司、9 000 个转包商，组织管理工作非常复杂，但由于应用 PERT，工程提前两年完成。

(2)用于成本的计划管理。PERT 用于成本的计划管理，称为成本计划评审法。其基本步骤是将几个作业集合起来(叫成套工作)形成一个账号，这种网络图的时间与费用估计值是计划中的标准。在计划开始执行后，将实际耗用的时间与费用累计计算，并定期将已耗用的实际值与估计值相比较，找出偏差，并进行控制。

(3)用于资源的调配。资源调配是计划管理中最重要的一个内容。此处的资源是广义的资源，包括人、物、设备等。通常有两种情况：一种是没有资源的限制，要求保质保量保时间地完成任务；另一种是在现有资源条件下，限期完成任务。对于前一种情形，时间是重要的控制变量；对于后一种情形则不仅要考虑时间因素而且要考虑资源限制。解决的主要思路为优先将资源调配给时差最小的作业，尽量避免延长路线，减少次要线路上的作业时间。我们的目标是在有限资源条件下，使所需时间最少，资源最节省(称为最优解)。

(4)用于生产调度。将网络图加上时间坐标，既可以用于作业计划，又可以用于作业调度，这在工作中是极为有效和方便的。根据清单上的资料，确定各作业要求是否与现有的人力、物力、资金等资源情况相符就一目了然了。

二、网络图

网络计划技术的核心是画网络图。应用网络计划技术首先必须了解网络图的构成、网络图的绘制原则和要求，进而掌握网络图的绘制步骤。

(一)网络图的构成

网络图，又称箭线图或统筹图，是由结点、活动、虚活动和路线组成的。

1. 结点(节点、事件、事项)

结点是表示某一项活动的开始或完工的瞬间点。它不消耗人力、物力和时间。它是前后活动的连接点，对于中间结点来说，它既是以它为终点的活动完成的瞬间，又表示以它为起点的活动在同一时刻开始。

结点用圆圈表示，圆圈中编上整数号码，称为结点编号。在圆圈中编上序号以代表事项的顺序。两个结点之间用箭线连接，并规定箭尾结点的代号一定小于箭头结点的代号，逆序是不允许的。

2. 活动(工作、工序、作业)

活动泛指一项需要消耗人力、物力和时间的具体活动过程，又称为工作、工序或作业。在网络图中用箭线表示，箭尾表示工作的开始，箭头表示工作的完成。箭头的方向表示工作的前进方向(从左向右)，在箭线上方标写作业名称和代号，在其下方标写完成任务的时间。箭线的长短无实际意义。如①→②即表示从结点 1 到结点 2 的作业。

对于某项工作来说，紧接在其箭尾结点前面的工作，是其紧前工作，紧接在其箭头结点后面的工作是其紧后工作，和它同时进行的工作称为平行工作。

3. 虚活动(逻辑矢箭)

虚活动是一种虚设的活动，仅仅表示工作之间的先后顺序和相互衔接关系，在图上用虚线矢箭表示，它不占用时间和资源，因此它的活动资源和时间为 0。

4. 路线

路线是指从网络图的起点开始，沿箭头方向顺序地连接起来，一直到达终点事项的一条通路。一个网络图通常有多条路线。

路长是指一条路线上各作业的时间之和。同一个网络图不同路线的路长是不一样的，其中路长最长的路线称为关键路线，一般用粗箭线或双箭线表示。一个网络图的关键路线有时不止一条。

(二)绘制网络图的原则和要求

1. 绘制网络图的原则

为正确反映工程中各个工序的相互关系，在绘制网络图时，应遵循以下原则。

(1)方向、时序与结点编号。网络图是有向图，按照工作流程的顺序，规定工序从左向右排列，要求箭头方向必须指向右。网络图中的各个结点都有一个时间(某一个或若干个工序开始或结束的时间)，一般按各个结点的时间顺序从左向右编号，要求箭尾结点的编码一定小于箭头结点的编码。为了便于修改编号及调整计划，可以在编号过程中跳码编号，如结点号码为 0，2，3，6，…。始点编号可以从 1 开始，也可以从 0 开始。

(2)一对结点只能表示一项活动，一项活动在网络图中只能用一个箭线来表示。一个活动用确定的两个相关结点(起始结点和结束结点)表示，某两个相邻结点只能是一个活动的相关事项。在计算各个结点和各个工序的时间参数时，相关事项的两个结点只能表示一道工序，否则将造成逻辑上的混乱。如图 4－2 是不允许的，因为②→③不仅表示了 B 活动，而且表示了 C 活动。正确的表示方法如图 4－3 所示。

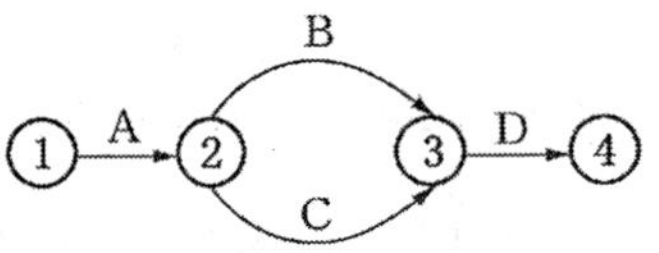

图 4－2 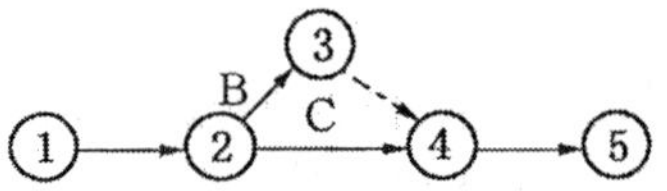　　　　图 4－3

(3) 网络图中不能有回路。网络图中不能有回路，即不能有循环现象。否则，将使组成回路的活动永远不能结束，工程永远不能完工。如图 4－4 是不允许的，因为它形成了循环。

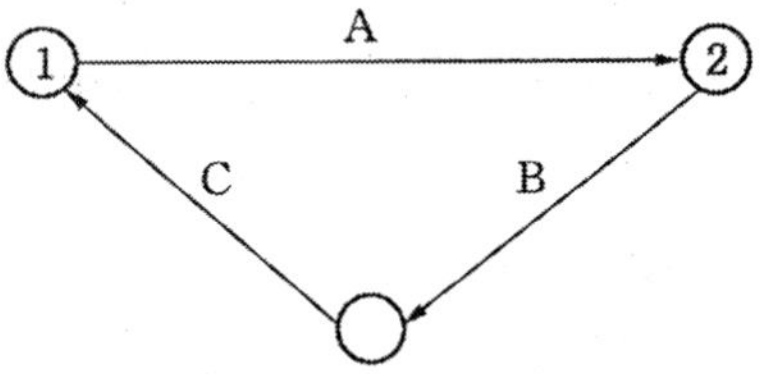

图 4－4

(4) 平行作业。为缩短项目的完工时间，在条件允许的情况下，某些工序可以同时进行，即可采用平行作业的方式。在有几个工序平行作业结束后转入下一道工序的情况下，考虑到便于计算网络时间和确定关键路线，选择在平行作业的几个工序中所需时间最长的一个工序，直接与其紧后工序衔接，而其他工序则通过虚工序与其紧后工序衔接。如图 4－3 中的 B 和 C 活动是平行作业。

(5) 交叉作业。对需要较长时间才能完成的一些活动，在条件允许的情况下，可以不必等待该活动全部结束后再转入其紧后工序，而是分期分批地转入。这种方式称为交叉作业。交叉作业可以缩短项目周期。如果活动 A 和 B 可以交叉进行，也就是说，活动 A 部分完成后活动 B 就可以开始了，那么可以将活动 A 分解为 A_1，A_2，A_3，将活动 B 分解为 B_1 和 B_2，B_3，如图 4－5 所示。

(6) 网络图中不能有缺口，即一个网络图只能有一个起点和一个终点。在网络图中，除始点和终点外，其他各个结点的前后都应有箭线相连接，即图中不能有缺口。网络图从始点经任何路线都可到达终点，否则，将使某些工序失去与其紧后（或紧前）工序应有的联系。

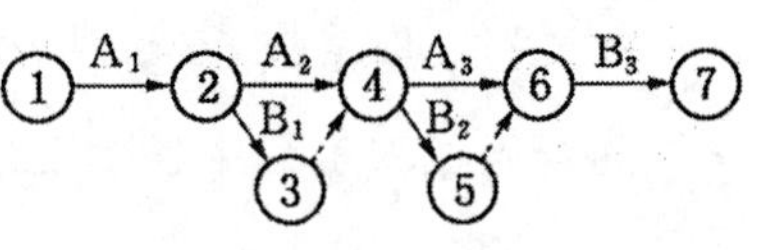

图 4－5

为表示工程的开始和结束，在网络图中只能有一个始点和一个终点。当工程开始时有几个工序平行作业，或在几个工序结束后完工，用一个始点、一个终点表示。若这些工序不能用一个始点或一个终点表示时，可用虚工序把它们与始点或终点连起来。如图 4－6 是不允许的，正确的表示如图 4－7 所示。需要说明的是，图 4－7 中的结点⑤和⑦可以合并为

⑦，从而更简洁、明了。

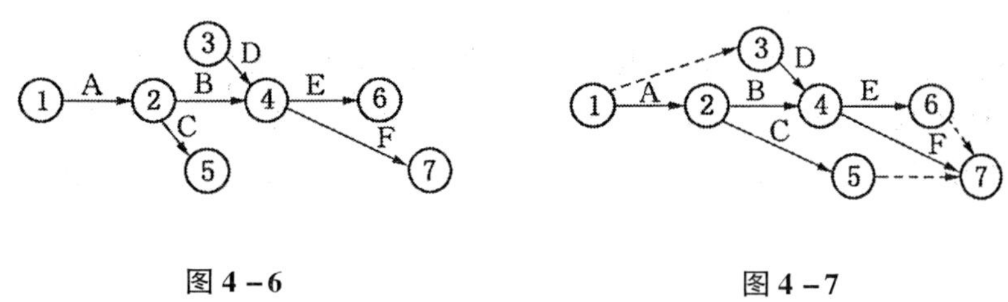

图 4－6　　图 4－7

2. 网络图的绘制要求

(1)网络图力求简明、清晰、整齐。

(2)箭线尽量画成水平直线。少画斜线和交叉线，非交叉不可的，必须用暗桥“——∩——”表示。

(3)结点的编号，要求箭尾结点项的代号一定小于箭头结点的代号。

(三)网络图的绘制步骤

绘制网络图事先要准备好原始资料。也就是要弄清楚整个项目由哪些活动组成，这些活动之间的相互关系是怎样的及各项活动所需要的时间是多少。在这个基础上，对整个项目进行分析和研究，制定“过程系统图”或设想的作业流程，将各道作业、作业时间和作业之间的衔接关系列成作业时间表，然后画出网络图。具体而言，网络图的绘制可以分为以下三个步骤。

1. 任务的分解

任务的分解就是把一个工程或一项任务分解成若干作业，并确定它们之间的关系。作业与作业之间的关系共有三种：①紧前作业，即某一作业的前面有哪些作业；②紧后作业，即某一作业的后面有哪些作业；③平行作业，即与某作业同时进行的有哪些作业。

对某一项目绘制的网络图可以分为母网络图、子网络图。它们各有粗细之别、详细与简单之分，以便供各级人员使用。网络图中各作业所需要的时间一般以周为单位，也可根据任务总时间的长短酌情以月或天为单位。根据网络图的不同需要，一个工序所包括的工作内容可以多一些，即工序综合程度较高，也可以在一个工序中所包括的工作内容少一些，即工序综合程度较低。一般情况下，项目总指挥部制订的网络计划是工序综合程度较高的网络图(母网络图)，而下一级部门，根据综合程度高的网络图的要求，制定本部门的工序综合程度低的网络图(子网络图)。母网络图是综合性的，若干个子网络图是母网络图的具体化。对于一些大型项目通常需要画多个网络图，使它们构成一个完整的体系。

绘制某一个网络图时先将任务分解，然后用表格形式的任务清单表示出来。表 4－8

即某调研工作工序，表中标明作业的名称、代号、先后顺序以及所需时间等。

表 4-8

工　序	内　容	工时(天)	紧前工序
A	研究选点	1	—
B	初步研究	2	A
C	准备调研方案	4	A
D	联系调研点	2	B
E	培训工作人员	3	B，C
F	准备表格	1	C
G	实地调研	5	D，E，F
H	写调研报告	2	G
I	开会汇总	3	H

2. 画图

有了任务分解的清单，就可以进行网络图的绘制工作了。画图是从第一个活动开始，以箭线代表作业，依先后顺序一支箭线接一支箭线地从左向右画下去，直到最后一个作业为止。在箭线与箭线的分界处画一个圆圈，这样就得到一个网络图。

画网络图时，尽可能将关键路线布置在中心位置，并尽量将联系紧密的工作布置在相近的位置。为使网络图清楚和便于在图上填写有关的时间数据与其他数据，弧线尽量用水平线或具有一段水平线的折线。网络图也可以附有时间进度，必要时也可以按完成各项活动的工作单位布置网络图。

3. 编号

将网络图中的圆圈写上代号，从左至右，从小到大，不得出现重复的编号，这样就完成了一个任务的网络图。

根据表 4-8 画出网络图 4-8。

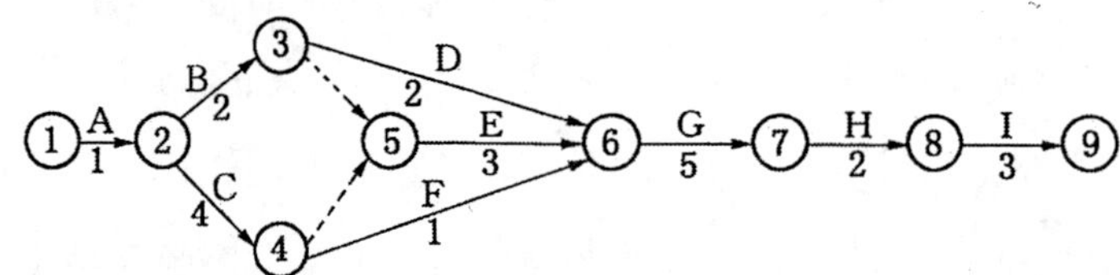

图 4-8

第五章　公共管理研究中文献资料与数据获取方法分析

本章主要介绍了文献法、访谈法、问卷调查法、实验法等资料采集方法在公共管理研究中的应用。

第一节　文献法

人类知识是一代一代积累起来的。千百年来积累的各种知识几乎全部汇集在文献资料中，文献资料是人类智慧的结晶，是人类知识的海洋。科学研究工作者要想有所创新，就必须先从已有的有关文献中吸取营养，批判地继承他人已有的研究成果，从而开阔视野，拓展思路，受到启发。一般来说，科学研究需要充分地占有资料，进行文献调研，以便掌握有关的科研动态和前沿进展，了解前人已取得的成果、研究的现状等。这是科学、有效、少走弯路地进行任何科学工作的必经阶段。

一、文献的概念与分类

（一）文献的概念

文献是一个经历了多次变化的概念。最初，文献既指“古典文籍”，又指熟悉这些“古典文籍”的人。到了近代，“文献”变为专指“古典文籍”或“图书资料”等“物”，而不再有“人”的含义。同时，这些“古典文籍”或“图书资料”包含了人类以往的知识或理论，但这些知识或理论的载体仅限于纸张、雕版、羊皮、泥板等包含文字或静态图形的载体。到了现代，由于计算机技术的发展，特别是多媒体技术的发展，使人类知识或理论的载体更加丰富多彩。所以，文献通常被定义为：以文字、图像、公式、声频、视频和代码等手段将信息、知识记录或描述在一定的物质载体上，并能起到存储和传播信息情报与知识作用的一切载体。中华人民共和国国家标准 GB 3792. 1—83《文献著录总则》认为，文献是“记录有知识的一切载体”。构成文献的四要素为信息内容、载体材料、信息符号和记录方式。

（二）文献的分类

现代文献的类型多种多样，按照不同的标准，可以划分出不同类型的文献。一般而言，文献的类型可以按载体性质、出版形式和加工深度三个标准进行分类。按载体性质划分为印刷型、缩微型、机读型、视听型和实物型五类；按出版形式划分为图书、期刊、专利文献、科技报告、会议文献、政府出版物、学位论文、标准文献、技术档案和报纸十大类型；按文献的加工深度可分为零次文献、一次文献、二次文献和三次文献四类。

二、文献法的特点、作用和实施过程

文献法是指根据一定的研究目的或课题，通过调查文献来获得资料，从而全面、正确地了解和掌握所要研究问题的一种方法。它所要解决的问题是如何在浩如烟海的文献群中选取适用于课题的资料，并对这些资料做出恰当分析和使用。文献调查法不与研究对象直接打交道，而是间接地通过查阅各种文献获得信息。在公共管理研究中，文献法具有特殊的地位和作用。

（一）文献法的特点

文献法是一种古老而又富有生命力的科学研究方法。对现状的研究，不可能全部通过观察与调查，还需要对与现状有关的种种文献做出分析。

1. 文献法的优点

（1）研究不受时空限制。每个人的亲身实践和经验总是受时间与空间的限制，我们无法亲历前人的生活，也不可能直接观察、访问前人的思想和活动。即使是同时代的人，也往往受一些因素的制约，如资金、人力、时间等。这些制约因素的存在，使研究者在某些情况下无法对难以接近的研究对象进行研究。这时就需要以文献检索来补充信息，通过文献检索这种间接的资料获取方式，突破时空等种种限制。例如，在调查人力较少而需要大量的宏观数据时，只能通过文献检索掌握国家有关部门进行的统计数据；有些单位不能进入或禁止进入(如国家保密单位)，无法进行观察，就需要进行文献检索以了解有关情况；有些拟定的访谈对象不接受访谈，或由于某些原因无法对其进行访谈，也只能进行文献检索。

(2)研究不受研究对象“反应”的干扰。一般文献并不是为了研究目的而留下的，它多是在事件发生的当时，真实自然地记录下来的，其信息真实度很高，而且研究者在收集资料的过程中，一般不会使被收集的资料本身发生变化，也不会受到原先留下文献资料者的直接言行影响。而这种干扰在访谈、实验等方法中很难避免，从而会影响研究结果的准确性。因此，运用文献法进行公共管理研究，较好地避免了研究对象在被研究过程中的各种“反应”对研究的干扰，研究过程的真实性较强。

(3)研究体现批判性和创新性的结合。在运用文献法进行公共管理研究过程中，研究者总是以自己的思想、观点和方法研究与分析问题，取其精华、去其糟粕，研究体现批判性。在对文献资料进行深入探讨、分析、比较、鉴别的研究中，研究者总是对各种文献资料加以重新组合，寻找新的联系，发现新的规律，形成新的观点和新的理论，研究体现创新性。因此，文献法可以说是批判和创新的有机结合。

(4)信息容量大，而且可以节省大量的人力、物力和财力。采用文献法进行研究，信息容量不受限制，只要能够收集到的文献资料，都可以作为研究的资料，不受研究对象、研究场所和研究情景等因素的限制。进行公共管理调查，是在寻找第一手资料(原始资料)，而文献检索是在寻找第二手资料。一般来说，寻找第一手资料(进行观察、访谈、问卷调查等)的成本很大，需要大量的人力、物力和财力。如果已经有前人进行了同样的社会调查，已经寻找到了今人所需要的资料，那么今人就没有必要重复前人的社会调查，就可以通过文献检索把前人调查所得的资料“拿来”，从而可以节省大量的差旅费、调查费和问卷印制费等，是提高公共管理研究效率的有效方式。

2. 文献法的局限性

文献法从表面上看似乎很简单，只需一头扎进故纸堆里闭门造车就能出成果。其实不然，研究者要从浩如烟海的文献中找到所需的材料，要从收集到的资料中挑选出有价值的真品，要从文献的文字描述中重构事实真相，要对远离我们的历史过程做出客观的解释和评价，这些都并非容易的事。

文献法也有其自身的局限性，集中表现在以下四个方面。

(1)文献往往具有一定的主观性。首先，在一些研究文献中，作者往往出于特殊目的和意图夸大或掩盖部分事实，从而使文献记载出现偏差。其次，文献的保存常具有选择性，凡符合社会需要和当事人利益的文献，保存的时间便长久些；凡知名人士所写的文献，可得到较好保护。最后，文献资料可能会带有原作者的主观偏见。编写文献有各种各样的目的和意图，如有的是为了给自己树碑立传，其中夸大成分较多；有的是为了适应某时期、某种形势的要求而作，可能会过分强调当时的时代特征；还有的是为了迎合某人的需要或秉承某人的旨意而写，常常会歪曲事实，甚至炮制伪假文献。

(2)文献往往具有一定的历史局限性。文献内容与客观事实之间总是存在一定距离的。由事实变为文字记载的过程中，往往会掺入作者的主观愿望，无论是有意的还是无意的，历史的局限性、时代的特征、阶级的烙印或多或少会反映在文献的字里行间。历史原因、政治因素和技术手段等使原始资料失实的可能性很大。这些都会对文献的信度产生影响，而文献研究者往往无法控制这些因素的出现。

(3)文献抽样往往缺乏代表性。因为文献资料大多以文字记载的形式保存，所以能否留下文献资料，在很大程度上取决于文化程度的高低，受教育程度高的人写文献的可能性相对较大，故若仅仅依据现存文献来了解和分析人们所处的生活状况、生活情形及思想观念，可能只能了解社会中某一阶层的情况，其文献抽样未必具有代表性。

(4)文献收集的难度较大。许多研究领域几乎没有文献可利用，而且保留下来的文献常常由于主观原因进行了一定的选择，往往不是很完整，尤其是第一手资料。还有一些政府机关的文献和档案由于保密的原则并不对外公开，一些未公开发表的文献须经当事人许可方可获得和使用，否则会因侵犯隐私而触犯法律。这就加大了文献的收集难度，造成了文献的相对不足。

正是由于文献具有上述局限性，所以文献法的可靠性和可信性往往受到质疑。“纸上得来终觉浅”，要把纸上的东西还原成事实，一方面有赖于原始文献描述的真实程度，另一方面还取决于研究人员的想象力和推理能力。通常研究人员凭自己的知识经验对文献的真实性和可靠性进行定性判断，但由于缺乏统一标准，结果常常会因人而异，很难进行比较研究，所以，文献法要求研究者具有科学严谨的研究态度、雄厚的研究功底，以及多种社会科学知识的扎实基础和较高的分析能力。

(二)文献法的作用

开展一项公共管理课题研究，无论是在立题之前，还是在研究过程中，以至研究完成后的论文写作，都离不开查阅有关文献资料。美国科学基金委员会调查统计，一个科研人员用在一个科研项目中研究图书情报资料上的时间占全部科研时间的1/3至1/2。所以说利用科学文献是实现利用“前人劳动成果”的重要措施和方法，是研究取得成功的重要保障。

(1)有利于确定公共管理研究选题。查阅文献是公共管理研究中的一个重要步骤，严谨的研究者往往在确定研究选题时便开始查阅文献了。查阅文献可以帮助我们了解有关问题的历史和研究现状，从而为确定研究选题提供参考。现代社会是信息化社会，信息呈几何级数涌现，许多问题别人已经注意，可能有人已经研究过或者正在进行研究。如果我们确定的选题是别人已经研究或正在研究的，那么，我们就是在做重复劳动，必然徒劳无功。在确定研究选题前，研究者应先就相关问题查阅大量资料，对该问题研究的历史、现状、前景有一个全面的了解，并从中发现存在的问题或不足，从而对自己的课题进行周密的论证、选题、立题，避免重复他人的劳动，浪费人力、物力、财力。

(2)有利于确定公共管理研究问题。确定研究选题之后，还要更深入地精读有关文献，在收集和分析有关文献的基础上，将研究逐步具体化，确定研究的具体问题。通过文献法发现问题，有两个基本的方式：其一，通过文献检索了解前人已经发现的问题。其二，找到不同的人对同一问题的不同看法，或同一人在不同时期、不同文章中对同一问题的不同看法，对论据进行比较、分析或找到自相矛盾之处。因为按照形式逻辑的基本规则，两个相互矛盾的说法必然至少有一个是错误的。通过文献检索迅速地发现问题，从而使公共管理研究者可以迅速地找到进行公共管理研究的“切入点”。在很多研究报告或论文的结论与展望部分，一般都会对研究的主要成果进行总结，并指明需要进一步深入研究的几个问题，这对确定研究内容有很高的参考价值。

(3)有利于快速进入公共管理研究前沿。没有继承和借鉴，科学不能得到迅速发展，这决定了人们在研究先前的历史事实时需要借助于文献的记载，在发展科学领域时需要继承文献中的优秀成果。现代科学研究不仅需要以人与人之间的协作为条件，同样需要以利用前人的研究劳动成果为条件。公共管理发展的规律和动力就是在继承的基础上进行创新。也就是说，公共管理研究要想在理论上有所创新，首先需要继承。只有充分查阅了某一研究课题的文献后，才能了解到前人对本问题已经做了哪些研究，解决了哪些问题，还有哪些问题没有解决和亟待解决，这样就可以在前人研究的基石上开展新的研究，也就是“站在巨人的肩膀上”去攀登新的科学高峰，创造和构建新的公共管理理论。因此，文献法是帮助人们迅速走到公共管理研究前沿的有效途径。

(4)有利于为公共管理研究提供科学的论证依据。公共管理文献资料是公共管理研究的记录，它记载了前人的科研成果，有事实、数据、理论、方法以及有关科研工作的假设，有前人的研究总结、经验教训，它反映了公共管理的研究水平、学术思想和最新成就。进行公共管理研究，应该了解国内外最新的公共管理理论、手段和研究方法。通过查阅文献资料，从过去和现在的有关研究成果中得到启发，不仅可以找到获得科学回答的线索，使研究范围内的概念、理论具体化，而且为更科学地论证自己的论点提供有说服力的、丰富的事实和数据资料。

(5)有利于补充和丰富公共管理的实证研究成果。文献法和实证研究方法相辅相成，对研究者都是不可或缺的。研究者通过查阅文献有助于构建理论假设，而通过实证能验证、完善和发展理论假设，从而最终能够丰富文献，而且这样的文献更有价值。在公共管理研究中提倡使用实证研究方法，但不排斥思辨，更不排斥使用文献法。可以利用文献资料对实证研究成果进行补充，进一步解释和论证实证研究成果。另外，通过对以往的文献资料进行研究，也可以判定实证研究成果的先进性、科学性和实用性。

(三)文献法的实施过程

文献法的操作主要有以下五个过程：确定研究问题并拟订研究计划、文献检索、文献收集与积累、文献鉴别、文献分析与形成结论。

1. 确定研究问题并拟订研究计划

研究问题的确定及研究计划的拟订是任何研究的第一步。通常，研究者必须首先明确其研究目的，进而确定其研究方向和研究问题。在研究问题确定以后，同样重要的是针对所要研究的问题拟订研究计划。研究计划是研究工作的蓝图，它指导研究者按一定步骤、在各个层次上秩序井然地展开研究。文献研究工作计划主要包括研究的目的和意义、研究的主要内容和阶段、收集文献的途径和方法、研究工作的进一步安排和时间分配、研究人员的具体分工、研究经费的预算、研究成果的形式等。

2. 文献检索

文献检索就是根据研究的目的查找所需要的文献，以满足研究的要求。

根据研究课题确定文献检索的范围，即文献的时间范围和内容范围。严格意义上的公共管理研究应该从文献检索开始，文献检索是确定公共管理研究选题的基础，也是进一步开展研究的前提。

公共管理研究常用的文献主要有档案、相关文件、工作记录、汇报总结、统计数据、报刊、书籍、各种声像资料，以及数量巨大、更新迅捷的网络资料等。应该尽可能地收集与研究课题有关的方方面面的资料，如档案和文件等可以考虑到相关单位的资料室、档案馆、博物馆去查找；统计数据可以查找各级各类统计年鉴或者相关单位的统计报表；书籍、报刊则可以到大型图书馆去借助各种检索工具查阅。当前，网络信息十分发达，网络系统中的资料尤为值得重视，利用网络能使我们检索文献更加高效、便捷。

3. 文献收集与积累

文献收集是重要而艰苦的工作，通过对文献的浏览、精读和收录(可充分利用现代化手段来进行收录)，形成文献的提纲、摘录和摘要。文献的收集要全面、客观，对确定要收集的文献，最好是选择原始的第一手材料，这样才能保证其客观真实性；对第二手材料，要认真考察其出处，要跳出使用者的治学态度和主观立场。再者，应该具有历史责任感和现实精神，对收集到的资料去伪存真、去粗取精。

文献积累是收集文献工作的另一个方面。每个研究课题都需要汇集积累一定的文献资料，而每个课题的研究过程还是一个新的文献资料的积累过程。文献积累在内容上要尽量全面。所谓“全面”，就是要求研究者不仅要收集课题所涉及的内容，还应注意收集由不同的人从不同的角度对同一问题同一方面的记载或评论的文献，同时还应该收集不同的甚至相反的观点，不要轻易否定或忽视与自己相左的观点。积累文献可以把文献完整地保存下来，也可以通过写读书笔记、做卡片、摘记等方式，有重点地采集与自己课题有关的部分。

4. 文献鉴别

收集、发掘到的文献只是供我们研究的一堆原始资料，如果不加以鉴别，资料再多也无助于认识和说明要考察或研究的问题，相反，有时还会引起混乱。鉴别文献的方法有“外审”和“内审”两类。

外审法是指对文献本身真伪的鉴别，包括对作者真伪的鉴别和对文献版本的鉴别。首先是对作者真伪的鉴别。通过对作者的其他作品来确定作者的语言风格，核实文献的风格是否与之一致；分析全部文献的体例是否一致；分析文献的思想观点和逻辑是否前后一致。其次是对文献版本的鉴别。可以通过对文献物质载体的物理性质的技术测定来判断文献形成的年代，如根据纸质、纸的脆裂程度、手稿上墨水的褪色程度或同位素的衰变程度来测定。

内审法是指对文献所载内容是否属实的鉴别。内审法的主要方法有：文献间的相互参照；实物与文献的相互参照；文献与其产生历史背景的相互参照；文献与其作者生平、立场与基本观点的相互参照。

综上所述，外审法和内审法都是通过比较来进行鉴别的，去伪存真，以提高所收集文献的质量。在具体研究中，可根据被审文献的性质和复杂程度，采取多种方法或交错复核的方法。

5. 文献分析与形成结论

完成了对文献的鉴别后，就进入了文献分析过程。这是一个对已经收集并经过鉴别的文献内容进行分析、描述和整理，并从中得出研究结论的过程。

文献分析与整理方法主要有非结构式的定性分析方法和结构式的定量分析方法，它们从不同侧面对文献中所包含的信息进行加工和整理。

定性分析一般是对文献中所包含的信息进行分类，选取典型的例证加以重新组织，并在定性的基础上得出结论。文献的定性分析在辨别过去的趋势并用该信息去预测与此相关的未来模式方面具有特别的价值。

定量分析又叫内容分析，是对明显的文献内容进行客观而系统地量化并加以描述的一种研究方法。定量分析有助于确定一个过去时代的事实，现在它已成为教育研究领域内一种重要的文献分析方法。特别是随着电子计算机的普遍应用，文献的定量研究越来越广泛。可以说，定量分析帮助提供对过去真实情况的描述。在公共管理研究中，研究者对各类公共管理文献资料，如论文、调研报告、会议文献、专题论著及政府规划、政府计划和政府工作报告等进行定量分析，从不同角度进行多方面研究。定量分析方法主要用于趋势分析、比较分析和意向分析等。

文献整理是指研究者对所掌握的文献进行创造性地分析、综合、比较、概括等思维加工的过程。研究者通过对文献的分析与整合，从文献资料中得出事实判断或归纳、概括出原则或原理，形成结论，撰写研究报告(或论文)。

第二节　访谈法

质的研究方法是社会科学研究的重要方法，它使用归纳法分析资料和形成理论，通过与研究对象互动对其行为和意义建构获得解释性理解。质的研究方法以研究者本人作为研究工具，在自然情境下采用多种资料收集方法，对社会现象进行整体性探究。其中最常用的资料收集方法有访谈法、观察法及实物分析法。

一、访谈法的内涵

(一)访谈法的含义

访谈法是访谈者通过与受访者之间的口头交谈，借以了解受访者的动机、态度、个性和价值观念等，以收集研究的第一手资料的一种研究方法。在访谈过程中，尽管谈话者和听话者的角色经常交换，但归根结底访谈者是听话者，受访者是谈话者。访谈法作为一种研究方法，与日常谈话是有区别的。访谈有明确的目的性，访谈者与受访者接触较为正规，受访者所提供的信息应该大致限定在访谈目的之内。访谈法具有两个明显的特点：一是整个访谈是访谈者与受访者互相影响、互相作用的过程；二是它具有特定的科学目的和一整套设计、编制和实施的原则。

访谈是一种言语事件，本身就是“现实”存在的一种方式，反映的是一种特定的社会现实。访谈作为一种言语事件有方法论的重要意义。

(1)访谈本身就是参与双方共同建构的一个社会事件，对双方有一定的“现实”意义。访谈的言语风格是双方共同建构的。双方在把访谈作为一种社会事件的理解上进行提问和回答。访谈者的提问为对方的意义建构提供了一个契机。而对方回答，不论是回忆还是对现实的描述，都是一种对事实或意义的重构。访谈所获得的结果不是访谈者独自从对方那里“收集”来的，而是交谈双方在访谈这一特定社会情境下相互建构出来的。访谈并不能做到真正的客观，但也必须认识到双方共同建构社会现实的真实性。

(2)访谈作为言语事件，其本身是一个有机的整体。交谈双方的每一段对话都是这一言语事件的一个部分，各部分之间是相互联系的。受访者回答不仅针对问题本身，还针对访谈的整体情境。访谈双方的社会角色、交往目的和个人兴趣都可能影响到受访者的回答。受访者存在自己接受访谈的动机，这将影响并引导受访者谈话的内容和方式。

(3)访谈作为言语行为，不仅可以表达意义，而且可以“以言行事”和“以言取效”。“以言行事”是指说话者使用语言来完成某种超出语言的行为；“以言取效”是指说话者借助语言来达到改变听话人的思想和行为的效果。

访谈作为言语事件表明访谈不是一方“客观”地向另一方了解情况的过程，而是双方相互作用，共同构建“事实”和“行为”的过程。交谈双方实际上是在一起营造访谈的氛围和话语情境。

(二)访谈法的意义与局限性

访谈法作为定性研究的重要方法，越来越多地受到公共管理研究者的重视。访谈是研究性的交流活动，通过研究者的主动询问和被研究者的深情倾诉，从而建构公共管理研究问题的理论意义。

1. 访谈法的意义

在公共管理研究中，访谈法的意义主要表现在以下方面。

(1)访谈法是定量研究的必要补充。在公共管理研究中定量研究主要用于变量之间关系的确定、变量的未来预测，以及事物的数量特征描述等。在解释变量间的关系和定义结论时要依靠访谈法等方法收集资料，以便合理地解释变量之间的关系。定量研究对我们研究事件发展的宏观趋势和事物的数量程度有很大帮助。例如，通过定量研究确立民主选举的结果，了解某一地区的教育质量水平，等等。但是，定量研究在研究和解释微观问题与个案时有本身的劣势，因为数据不能完全描述个体之间存在的具体差异和深层次的动机、态度、个性与价值观念等，这就需要借助访谈法等方法获取第一手资料做必要的补充。

(2)访谈法可以对访谈对象进行全面深入的观察。访谈者在进行访谈时，不仅可以了解访谈对象口头表述的内容，而且可以同时从访谈对象身上了解更多的信息。访谈对象在表述一个观点或陈述一个事实时，言谈举止的表现往往隐藏着重大的信息。如果访谈者没有对访谈对象进行访谈，访谈对象的这些隐蔽信息就会失去表现的机会。因此，访谈过程是进行观察的良好时机，访谈对象的言辞、语气、神态和动作等都可以使访谈者更加深入地了解访谈对象，从而对访谈对象的看法和说法是否可信、是否全面等做出较为全面准确的判断，以鉴别其回答的真实可靠程度。

(3)访谈法灵活性强。访谈者可以根据访谈过程中的具体情况来灵活决定诸如是否需要进一步问一些与调查主题有关的其他问题，是否需要重复或进一步解释那些访谈对象不太理解的问题等。另外，灵活性还表现在访谈者可以为不同的访谈对象准备与之适合的一套问题，这就使访谈法较其他方法具有更强的适应性。

(4)访谈法可以使用比较复杂的调查问卷或访谈提纲。由于有访谈者作为访谈对象的指导者，尤其是那些受过良好训练并富有访谈经验的访谈调查员，他们可以利用一些问卷或访谈提纲了解一些比较复杂的问题。

(5)访谈法可以克服问卷调查中问卷回收率低的缺点。在访谈调查中，一些由于种种原因不愿在问卷调查中作答的调查对象，或出于礼貌或者其他缘故愿意向访谈者说出他们对调查者需要调查的问题的观点、看法或意见、建议。

2. 访谈法的局限性

在公共管理研究中，访谈法是了解现状、确立研究问题，以及建构公共管理理论的重要方法。但访谈法的局限性也不能忽视，主要表现在以下几个方面。

(1)费用多、时间长，从而使访谈调查的应用范围受到局限。由于这种缺点的存在，许多经费少、时间短而又规模大的调查项目不宜使用访谈调查法。

(2)标准化程度低，难以统计分析。访谈中即使研究者设计好一整套访谈提纲，由于具体访谈情境的变化，也就不得不对访谈提纲做出一定程度的调整或修改。这样一方面使访谈更适应每一个在年龄、性别、文化程度、种族、风俗习惯及个性特征等方面可能存在差异的访谈对象；另一方面则带来了标准化程度低的缺点，难以进行统计分析。

(3)极易产生偏差。访谈调查是访谈者与访谈对象的互动过程。在这个过程中，无论是访谈对象还是访谈者都极易导致各种偏差。从访谈对象来看，访谈中他可能极易受到访谈者的性别、种族、社会地位、年龄、服装、外貌、谈话中的表情甚至语调等许多因素的影响，从而可能导致偏差。很多时候，访谈对象的心境、访谈经验及文化程度等也会使其作答时发生各种偏差。从访谈者来看，由于受经验、文化水平和社交能力等的影响，他们有时候不小心漏掉了一些该问的问题和该记下的答案或意见，有时问一些不相关、可有可无的甚至带有偏见和自相矛盾的问题，因此调查结果有很大的随意性，容易出现一些显而易见的错误或偏差。

此外，访谈调查还有没有足够的时间让访谈对象深思熟虑、不能保证受访者匿名、不能查阅有关资料及易受环境的干扰等缺点。

（三）访谈法的分类

由于研究问题的性质、目的或对象的不同，访谈法具有不同的形式。根据访谈进程的标准化程度，可将访谈法分为结构式访谈和非结构式访谈；根据访谈时是否借助于一定的中介物，可将访谈法分为直接访谈和间接访谈；按访谈对象的数量，可将访谈法分为个别访谈和集体访谈；按访谈中的提问方式，可将访谈法分为定向型访谈和非定向型访谈；按访谈时间或次数，可将访谈法分为一次性访谈与重复性访谈。

1. 结构式访谈和非结构式访谈

（1）结构式访谈，又称控制式访谈。它是研究者根据预定目标，事先拟好访谈提纲或访谈的具体问题，通过访谈者主动询问、受访者逐一回答的方式进行。结构式访谈组织比较严密，条理清楚，访谈者对整个谈话过程也容易掌握和控制，访谈结果便于统计分析，对不同访谈对象的回答还易于进行对比，运用这种方法比较节省时间。这种方法类似问卷调查法，只是不让被试笔答，仅用口答而已。结构式访谈可能使受访者感到拘束，产生顾虑。此外，由于难以根据双方的具体情况灵活地采用适当的方式、程序进行，所以访谈结果可能缺乏深度。

结构式访谈最大的特点是整个访谈过程是严格控制和标准化的。访谈对象按照统一的标准与方法选取，通常采用概率抽样。访谈中，访谈员对访谈对象提出的问题都必须严格按照统一问卷上问题的顺序和方式，根据访谈指南的统一口径对访谈对象的疑问做出解释，同时对访谈对象回答的记录也是完全统一的。

（2）非结构式访谈，又称非标准化访谈和自由访谈。它是一种半控制或无控制的访谈。它没有事先统一的问卷和提问的标准顺序，而只是一个大致范围或一个题目细化后的问题大纲，由访谈员与访谈对象在这一范围内就问题大纲自由交谈，而具体问题可在访谈过程中边谈边形成边提出。与结构式访谈相比，非结构式访谈最大的特点是能充分发挥访谈员和访谈对象的积极性、灵活性。非结构式访谈的实施方式不同，通常分为重点访谈、深度访谈和客观陈述式访谈等类型。

①重点访谈。重点访谈又称集中访谈，是集中于某一特定问题的访谈。所谓重点不是指对访谈对象的重点挑选，而是指访谈所侧重的内容。它通常针对的是访谈对象在一定情境中因为受到某种刺激而产生的特殊反应，调查研究者从这些反应中获取信息，再进行分析、解释。调查研究者须事先对情境本身有所研究，即通过深入分析这一情境的主要因素、模式及条件等，得出有关的若干假设，并根据这些假设提出若干侧重点，然后根据这些侧重点进行访谈，收集有关个人的经历或特殊感受的资料。重点访谈实际上是一种半结构式访谈，并不是完全无结构的，即虽然没有事先确定问卷或访谈提纲，但主题和侧重点是预定的。在实际访谈中，访谈者也往往预设一些问题，既有封闭式的，又有开放式的，由访谈对象根据这些问题自由陈述自己的经验和认识。访谈员可以根据情况随时提出新问题，调整预设问题，以获得事先未曾预料的大量新资料。

重点访谈适用于调查人们由于某种特殊经验而引起的态度变化。但是，此方法的使用需要高度的技巧和想象力，对访谈者的素质要求很高，而且所收集的资料多是不可比较的，分析解释的难度较大，因此不适用于定量分析。

②深度访谈。深度访谈是一种无结构的、直接的、个人的访问。在访问过程中，一个掌握高级技巧的调查员深入地访谈一个被调查者，以对某一问题的潜在动机、信念、态度和感情进行了解。它具有两个最重要的特征：第一，它的问题是事先部分准备的(半结构的)，要通过访谈员进行大量改进，但只是改进其中的大部分；第二，要深入事实内部。

深度访谈与重点访谈相似，都是一种半结构式访谈。访谈是灵活机动的、无一定之规的，但事先也选取了问题的某些方面作为访谈重点。在深度访谈中，也经常会出现意外的信息。访谈员可以像重点访谈那样，就这些意外的信息进行充分交流和探讨，使调查研究更加全面和深入。

③客观陈述式访谈。客观陈述式访谈又称非引导式访谈，是让访谈对象客观地陈述对自己和周围社会的认识，即访谈者鼓励访谈对象对自己的信仰、价值观、行为及生活环境客观地加以描述。这一类型常用于了解有关个人、组织、群体的客观事实及访谈对象的主观态度。

在这一类型的访谈中，访谈者基本上只是一个听众。访谈一般从中性的简单提问开始，在访谈过程中，访谈者的所有提问几乎完全依赖于尽可能中立的简单插问，以避免访谈员的主观因素对访谈对象的影响，使访谈对象能自由地谈出其最深层的主观思想，自然流露出甚至连访谈对象自己都未意识到或不愿承认的感情。访谈员从访谈对象那里获得客观资料后，再进行加工，形成对这些资料的某种解释。

2. 直接访谈和间接访谈

(1)直接访谈。直接访谈又称面对面访谈，即访谈者与受访者进行面对面的交谈。直接访谈的突出特点是，访谈者与受访者直接发生相互影响、相互作用。其优点在于，访谈者不仅能与受访者广泛、深入地探讨有关问题，了解受访者的思想、态度、情感和其他各种情况，而且还能亲自观察受访者的有关特征和他们在访谈过程中的许多非言语信息，从而加深对谈话内容的理解，有利于判断访谈结果的真实可靠性。但是，运用这种方法对访谈者的要求较高，同时，访谈者与受访者相互直接作用的情况又易于影响访谈结果。此外，该方法还比较费时费力。

(2)间接访谈。间接访谈就是访谈者通过一定的中介物与受访者进行非面对面的交谈。目前，间接访谈的主要方式是电话访谈。电话访谈适用于访谈内容较少、较简单的调查研究。其优点是收集数据资料时间快，研究费用少，对访谈者的要求不太高，保密性较强，对某些不适宜采用面对面交谈的问题，受访者可以通过电话向访谈者说明。但是，电话访谈对没有电话者无法使用，适用范围有限，访谈问题一般应少而且简单，访谈时间短，因而，访谈者难以深入探讨有关问题，更不能直接观察受访者的有关特征和各种非言语信息，不利于对访谈结果进行分析与解释。

3. 个别访谈和集体访谈

(1)个别访谈。个别访谈是指由访谈者对每一个受访者逐一进行单独访谈，以收集研究资料的一种调查方法。这种访谈基本上只限于访谈者与受访者之间的信息传递，双方的交谈不会受访谈外的第三者的直接影响。访谈者只要控制好访谈环境，就能较好地打开受访者的言路，特别是对那些无结构的访谈最为有利。

个别访谈可以到受访者的实际活动环境中去面谈，也可以在其他环境中面谈，甚至还可以通过电话访谈。个别访谈通常是为了获得受访者的某些事实、态度、意见方面的资料，大多数情况下是非结构性的研究设计。

个别访谈具有灵活性强、适用范围广、控制性较强等特点；不足之处是费时、费力，限制了大规模的调查研究。此外，访谈者和受访者都可能在访谈中出现偏见与错误。个别访谈多用于一些规模小及一些敏感性问题的调研，也常用于一些个案的研究之中。

(2)集体访谈。集体访谈是指由一名或数名访谈者亲自召集一些调查对象就访谈者需要调查了解的主题征求意见的一种调查方法。国内将这种形式的访谈称为“调查会”或“座谈会”。集体访谈一次参加的人以 10 人左右为宜，并尽可能使参加的人具有一定的代表性，同时要注意每个人都有能自由发表意见的机会。

集体访谈法的优点有：与个别访谈法相比，集体访谈法的突出优点是了解情况快，工作效率高，其最大的优点是集思广益，有利于把调查与研究相结合，把认识问题与探索解决问题的办法相结合。此外，集体访谈法简便易行，可适用于文化程度较低的调查对象，有利于与受访者交流思想和感情，有利于对访谈过程进行指导和控制，等等。

集体访谈法的缺点有：与个别访谈法相比，集体访谈法最大的缺点是无法完全排除受访者之间社会心理因素的影响。集体访谈法的另一个缺点是，有些问题不宜采用集体访谈。此外，集体访谈法占用受访者的时间较多。

①集体访谈的设计。如果研究目的是对同一团体中的不同成员进行对比，看他们对研究问题的看法存在什么异同，可以采取如下策略：第一，在同一团体中使用相同的访谈问题，看不同参与者的回答是否存在异同；第二，在同一团体中就同一研究问题使用不同的访谈问题进行提问，看这些不同的访谈问题是否会导致参与者提供不同的回答；第三，对同一团体系统地变换提问题的程序以及问题的语言表达，看成员之间的反应有什么区别。

如果研究的目的是对一个社会现象进行追踪调查，了解同一团体在一段时间内就该社会现象的看法或态度所发生的变化，我们可以在不同时段对这一团体进行访谈。

如果研究的目的是对不同团体之间的异同进行比较，我们可以对这些团体询问同样的访谈问题，看他们的反应是否存在差异。

如果研究的目的是对数个团体在时间上的变化进行对比研究，我们可以同时对数个团体进行多次追踪访谈，在考察每一个团体是否发生变化的同时，对比数个团体所发生变化之间的异同。

②集体访谈的抽样。在焦点团体访谈中，为了便于交流，所有成员都应该可以面对面地看到对方，也应该有充分发言的机会。因此，团体的样本不宜过大，一般为 6 ~ 10 人。如果研究的目的只是对有关问题进行初步的探索，希望在短时间内得到较多人的看法，也可以适当增加人数。

如果研究涉及多个团体，一般来说，团体的数量为 3 ~ 4 个比较适宜。如果研究的目的是尽可能多地获得对有关议题的不同看法，需要对资料进行细致的内容分析，那么也可以适当增加团体的数量，如 6 ~ 8 个。

在挑选参与者时应该注意其同质性，他们在社会地位、教育背景、职业、性别、种族、年龄和辈分等方面异质性太强，可能会产生戒备心理，不愿意主动发言。这种情况对社会经济地位较低的人来说尤其明显，但这里所说的异质性不是态度和看法上的不同。访谈参与者不同的态度和看法正是焦点团体访谈所希望发现的。

当然，如果研究的目的是了解具有不同背景的人聚在一起时如何互动，也可以有意把他们放到一起进行访谈。例如，如果我们希望了解父亲和母亲对自己孩子的教育有什么不同看法，就应该将父亲和母亲召集到一起进行讨论。

除非有特殊要求，否则最好选择对研究者和参与者都是陌生的人。这是因为陌生人彼此不熟悉，对研究更加有新奇感，可能比较积极地投入讨论。此外，陌生人之间不必像熟人那样讲究交情和面子，可以比较坦率地发表自己的看法。从研究者的角度来看，我们对陌生人的情况不了解，他们提供的信息应该更加有价值。

当然，如果讨论只适合在参与者相互之间是熟人的情况下进行(如某商店内部营业员对该商店经营管理的看法)，那么我们只能选择熟人。

不要把对研究者是熟人和陌生人的人同时混合在一个团体内。如果这两种人混在一起，研究者可能有意无意地对他们表露出亲疏之分，研究者这种区别对待的态度可能使参与者产生不平等感，特别是对那些与研究者是陌生人的人来说。

③集体访谈的实施。研究者不仅要许诺自己对参与者的信息绝对保密，而且应该要求参与者对彼此的信息绝对保密。这一点在团体访谈中特别重要，因为它直接关系到参与者对访谈的信任程度，对访谈的质量有很大的影响。

进行集体访谈前，研究者应向参与者交代基本规则，具体包括：一次只允许一个人说话，不要“开小会”；不要让少数几个人统治会场；参与者可以自己组织讨论，不必等待研究者介入，发言的人要面向大家，不要只是朝着研究者一个人；后面发言的人应该尽量与前面发言人的谈话内容挂钩；尽量使用自己的日常语言；所有在场的人的经历和看法同样重要，没有“好坏”之分，欢迎发表不同意见。

为了避免“集体性思维”和“同伴压力”，建议每一位参与者进行一个简短的发言，之后再放开讨论。另外，请所有参与者在发言之前先花几分钟写下自己的想法，以便强化他们在团体中发言的愿望和能力。

4. 定向型访谈和非定向型访谈

(1)定向型访谈。定向型访谈也称结构访谈，是由访谈者按照事先设计好的访谈调查问卷或提纲依次向访谈对象提问并要求访谈对象按规定标准进行回答的一种调查方法。这种方法最显著的特点就是访谈问卷或访谈提纲的标准化。

定向型访谈通常用于了解访谈对象某种特定行为或态度，或者验证调查者的某种理论假设。

(2)非定向型访谈。非定向型访谈是指事先不设计完整的调查问卷以及详细的访谈提纲，也不规定标准的访谈程序，而是由访谈者和访谈对象就某些问题自由交谈，访谈对象可以比较随便地提出自己的意见，而不管访谈者想得到什么样的答案的一种访谈调查方法。在非定向型访谈调查中，虽然也有调查讨论的主题，但访谈者并没有要求所有的访谈对象按统一格式和标准的程序作答。

非定向型访谈多用于人们对某一特定事件的态度或行为变化、个案研究等方面。

5. 一次性访谈和重复性访谈

(1)一次性访谈。一次性访谈也称横向型访谈，是指对人们在某一生活时刻或某段时期内的思想、态度及行为等情况进行的一次性完成的调查方法。

(2)重复性访谈。重复性访谈也称跟踪访谈或纵向型访谈，是指不是一次完成而是要经过多次访谈才能完成的调查方法。

二、访谈法的实施程序与实施策略

访谈是一门艺术。即便访谈研究设计得再科学，如果实际访谈过程控制不好，访谈技巧运用不当，得不到受访者的积极配合，那么，就难以取得真实、完整、有用的资料。因此，要使访谈法能收集到所研究问题的资料，系统地掌握访谈法的实施程序和访谈技巧是十分重要的。

(一)访谈法的实施程序

根据研究经验，访谈法的实施程序可以分为如图 5－1 所示的十个基本步骤。

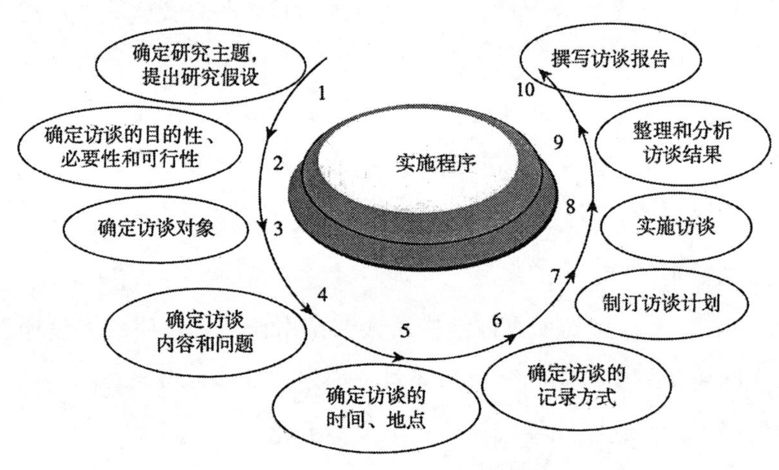

图 5－1　访谈法的实施程序

1. 确定研究主题，提出研究假设

确定研究主题，提出研究假设：发现问题、构筑概念、发展操作定义、提出研究假设。

2. 确定访谈的目的性、必要性和可行性

访谈法与观察法、问卷调查法等调查方式一样，都是因为研究者无法确定某种情况的真伪而需要进行调查。调查就是为了了解情况，或者说，调查就是为了以事实来确定某个判断的真伪。进行访谈的直接目的就是通过访谈验证研究假设的真伪。

实施访谈的必要性包括两个相互联系的方面：首先，实施访谈验证了某种假设对解决某个理论问题或实践问题是有益的，即这个拟议中的访谈具有理论价值或实践价值；其次，进行访谈对验证某种假设是必不可少的，不访谈(独立地进行访谈或与其他调查方法结合使用)就不能对该假设进行验证。

确定访谈的可行性，就是确定拟议中的访谈是否能够按计划实施。确定可行性时主要考虑两个方面。第一个方面，拟议中的访谈对象是否接受访谈者的访谈。访谈者与访谈对象的关系、访谈对象的性格、访谈的话题、访谈的时间和地点等因素均会影响到访谈对象是否接受访谈。第二个方面，访谈者能否进行访谈。访谈者是否具备访谈的知识、经验和技巧，以及访谈者是否具备访谈时间，这些均影响到访谈者能否进行访谈。

3. 确定访谈对象

确定访谈对象应以有利于获得所需要的真实信息为原则。首先，选择的范围应当与问题的范围一致或相关。只有在与问题一致或相关的范围内，访谈者才可能获得所需要的信息。有时访谈者根据希望获得的信息可以直接确定访谈对象的选择范围。例如，希望了解高等院校女教师对素质教育的看法，就只能在“高等院校教师，且女性”的范围内进行选择。有时访谈者希望获得的信息与许多群体相关，如访谈者希望了解农村失学儿童失学的原因，相关的群体就包括失学儿童、失学儿童以前的老师、失学儿童以前的同学、失学儿童的家长、失学儿童的邻居等多个群体。其次，在与问题的范围一致或相关的范围内，访谈对象的选择既可以是随机的，也可以是人为指定的，两种方式各有利弊。随机选择可以比较客观地了解该群体内的各种不同观点、态度，但实施的可行性会遇到一些问题(如某些随机选择的访谈对象可能会拒绝接受访谈)，而人为指定可以提高实施的可行性，但人为指定有可能有意或无意地排除了某些类别的对象，从而使访谈结果的信度和效度降低。最后，在人为指定的范围内，对访谈对象的选择应主要考虑以下两个因素：一是所选择的访谈对象应不会坚决拒绝访谈；二是所选择的访谈对象应能够为访谈者提供所需要的信息。

确定了访谈对象之后，在可能的条件下，应充分认识、了解访谈对象的性别、年龄、民族、职业、文化、专长、经历、性格、兴趣和爱好等，这对有针对性地选择适当的访谈方法、建立良好的人际关系，以及取得受访者的配合和信任具有重要意义。

4. 确定访谈内容和问题

确定访谈的内容，即确定在访谈中需要了解哪些方面的问题。访谈者做出的假设决定了访谈内容的范围：凡是有利于验证假设的内容都是需要访谈的内容。通常访谈者需要事先拟定访谈提纲，以便实施访谈时依照提纲进行有步骤的提问，使访谈得到的信息比较系统。如果由于某种原因访谈者只能对某个访谈对象进行一次访谈，那么访谈计划一定要十分周详，因为访谈者即使在访谈之后发现还需要在某些方面提问，也没有补救的机会。访谈者还需要事先设计访谈时的一些问题，因为某些问题可能比较敏感，事先设计好提问的恰当方式，既可以得到所需要的信息，又不至于刺激访谈对象，使访谈对象感到难堪。

有时还需要访谈者对访谈的内容进行预试（pre-testing）与修改，即在正式访谈实施前先做先行性访谈，对访谈内容和问题进行筛选、修改。

5. 确定访谈的时间、地点

访谈是两个人或多个人之间的互动，因此需要事先确定访谈的时间，包括确定访谈的次数、每次访谈的日期、每次访谈的开始时间、每次访谈的持续时间。

访谈时间、地点的确定通常需要考虑两个方面的因素：一是应能够满足研究目的的需要；二是以访谈对象方便为原则，以有利于访谈对象准确回答问题、畅所欲言为原则。一般来说，最佳访谈时间是受访者学习、工作、劳动、家务不太繁忙，而且心情比较舒畅的时候。至于访谈地点，视情况而定。如果是有关工作方面的问题，可考虑在工作地点进行访谈；如果是有关个人或家庭方面的问题，自然以在家里访谈为宜。如果是公共场所，需要事先“踩点”，以确定该地点是否适宜访谈。

6. 确定访谈的记录方式

访谈的记录方式包括手工记录和机器记录（录音记录、录像记录等）两种。手工记录的优点是访谈所需要的经费较少（省去了购置记录仪器、设备的经费）；缺点是记录的信息量较少，在访谈对象语速较快时，访谈者往往连语言信息都无法记录完整，更不用说记录非语言信息了。机器记录的优点是记录完整，不仅有利于访谈者对访谈对象进行观察，而且有利于访谈者集中精力进行提问；缺点是访谈的成本较高。

7. 制订访谈计划

访谈者在充分做好访谈前的一系列准备工作之后，要根据研究目的要求和受访者的特点制订一个严密的访谈计划，一般包括：第一，对访谈目的、必要性和可行性的说明；第二，对访谈项目的说明；第三，对访谈对象的说明；第四，对访谈时间和地点的安排；第五，对访谈记录方式的说明；第六，对访谈资料整理的安排以及对访谈（包括资料整理、访谈资料的分析和撰写访谈报告）的日程安排；第七，对访谈所需要的资金和其他物质条件（如记录仪器）的说明；第八，对访谈中可能存在的信度和效度问题的说明。

事先制订好并充分熟悉访谈计划的内容，而且在访谈过程中要紧紧围绕访谈目的进行，这是确保访谈取得预期效果的前提。如果没有一个好的访谈计划，将直接影响访谈者良好形象的建立，影响到访谈对象的合作程度。访谈计划是访谈者对整个访谈活动的整体安排，是对前五项安排和其他相关事项的归纳，是实施访谈的依据。

8. 实施访谈

按照事先拟订的访谈计划进行访谈，内容包括：根据设计的方案进行实地访谈或电话访谈，记录访谈资料；控制，监测访谈进展、解答问题、了解访谈是否顺利实施；复查，研究者可抽出部分已访谈过的样本进行交叉求证访谈，了解访谈实际进行情况。

9. 整理和分析访谈结果

检查收回资料是否有错误或遗漏。公共管理研究中对原始资料的利用非常重要，要从大量的事实证据中抽象出关于事物本质的知识，对资料有一个较为系统的把握，可以为下一步的资料收集提供方向和聚焦的依据。对访谈录音记录的整理，应按照时间顺序将声音信号变为文字信号进行记录，应严格按照访谈时的原话进行整理，而不能任意进行省略。整理访谈录音记录时，对访谈双方同时出现的语句、访谈对象语气的变化、节奏的变化、访谈对象动作和访谈对象的表情等，均应以括号或其他形式加以标注。对访谈手头记录的整理，应根据访谈时记录的要点回忆当时的情景和对话，根据回忆最大限度地补齐记录。由于人的记忆随着时间的流逝而急剧衰减，所以访谈手头记录的整理是访谈之后最急迫的事情。

访谈结果整理完毕以后，研究者就需要按照一定的标准进行归类和分析，找到访谈结果的主线并建立起必要的关系，同时将资料输入计算机进行必要的统计分析。对访谈结果进行分析主要是解决以下问题：第一，访谈对象的表述有哪些是可信的，有哪些是不可信的，理由是什么；第二，访谈对象的陈述哪些方面可以证明访谈之前的理论假设，哪些方面不能证明这些理论假设，哪些方面可以证伪这些理论假设；第三，访谈所得到的结论可以在多大范围内适用，理由是什么。

10. 撰写访谈报告

在对访谈结果进行分析并得出结论之后，就需要撰写访谈报告，以便使更多的人了解访谈的结论。访谈报告需要回答以下问题：第一，对访谈计划的回顾；第二，对访谈过程的描述；第三，对访谈结果的分析和陈述。

（二）访谈法的实施策略

要想使访谈顺利进行并获得满意的效果，访谈者应掌握基本的访谈技巧，主要包括如何接近受访者、取得受访者的信任，以及怎样处理受访者的拒绝和积极展开交谈的技巧。

1. 接近受访者的技巧

访谈者要与受访者进行交流，首先得接近受访者。对于受访者来说，访谈者是陌生人，如何让他们愿意接受访谈不是一件很容易的事，在生活节奏快的城市，我们经常见到访谈被拒绝的情形。1969 年，美国密歇根大学出版的《访谈者手册》提示访谈者应做好如下准备工作：做自我介绍，并告诉他(受访者)代表谁，必要时可出示身份证明；告诉受访者有关访谈者要做的工作，包括该研究的目的，保证机密处理其答案，为其保密；告诉受访者选他作为访谈对象的原因，并非故意令他受窘，而是从总体中按抽样方法选出的；选定受访对象后，可事先以函件告知受访者；此外，还可以将过去所做的访谈结果或摘要供其参考，并进而强调本研究的重要性；访谈者宜采用正面的方式，征得受访者愿意接受访谈。可以说“我想进来和您谈谈有关这方面的问题”，而不要说“我可以进来吗?”或“您现在有时间吗?”如果是后面的问法，对方的回答很可能就是“不可以”“没有时间”。总而言之，不要让受访者有说“不”而拒绝访谈的机会。一般而言，访谈者应具备应变能力，给人亲切的感觉、保持适度的敏感性，才能顺利接近访谈者。

由于种种原因，一些受访者可能会拒绝交谈。遇到这种情况，访谈者要机敏，迅速分析遭到拒绝的原因，并设法加以克服。如果受访者是出于安全的考虑，对访谈者有怀疑，访谈者要立即提供有关介绍信和身份证、工作证等，并说明有关访谈的保密规定；如果受访者是对研究的问题不感兴趣或认为没有价值时，访谈者应当更详细地向对方说明研究的重要性；如果受访者确实很忙，则应与其另约时间。

2. 谈话的技巧

访谈时，要努力营造一个亲切友好的谈话气氛，打破陌生的隔阂。访谈双方见面，作为访谈的主动一方——调查者，应亲切称呼受访者，使对方感到你的来访是善意的。在接近访谈对象后，应注意观察受访者的衣着打扮、外貌特点、行为举止等情况，并以此来调节自己谈话的方式。例如，对穿着比较讲究的受访者，应庄重、严肃、彬彬有礼；而对不修边幅的受访者，应该尽可能坦率、随和一些。打破僵局，形成访谈的友好而融洽的气氛非常重要，要使受访者感到舒适、无拘束，能畅所欲言。

谈话时，应从题外到题内，等到谈话投机，再转入正题。提问要做到言简意赅，通俗易懂，尽量少用名词术语，避免对方不明白，产生误解。在与被调查对象进行谈话时，访谈者必须集中精力倾听，倘若对方离题，不要表现出不耐烦的厌倦情绪，要耐心等待有利时机，用插话的方法提出问题，引导对方把话题转到谈话的主题上，使受访者觉得他提供的情况很有价值，乐意继续说下去。

如果受访者的回答不完全，访谈者就需要进行适当的追问。例如，向受访者说“请把你的意思再给解释一下”“请告诉我更多这方面的情况”“你讲得很有启发性”等。在实际谈话过程中，根据追问的目的不同，其方式是多种多样的。既有详尽式追问、说明性追问，也有系统追问和假设追问，还有情感反应性追问、正面追问。不同的方式有不同的功用，这就需要访谈者在实际交谈过程中根据具体情况而灵活运用。

成功的访谈经验表明，访谈者在谈话过程中要充分注意以下几点。

(1)访谈的目的是了解而不是表达。访谈的目的是调查访谈对象的看法、说法，而不是陈述访谈者的看法，如果访谈者在进行访谈时急于表达自己的意见，就可能产生以下结果：其一，访谈者夸夸其谈，使访谈对象没有机会表达自己的观点；其二，访谈者先陈述了他自己的观点，使访谈对象受其影响，被迫顺着访谈者的思路谈话；其三，访谈对象虽然不同意访谈者的观点，但因为访谈者先陈述了观点，访谈对象不愿意与其争论，从而不谈自己的观点。这些结果，使访谈者无法了解访谈对象的真实想法，都会使访谈者了解到扭曲的信息，从而无法实现访谈的初衷。

(2)访谈者不能诱导访谈对象。访谈的目的是使访谈对象说出真实的看法或想法，是从访谈对象身上了解客观(访谈对象的看法等主观因素对访谈者而言是客观的)的信息。而若访谈者在进行访谈时对访谈对象进行诱导，就无法了解客观的信息。诱导常用的手段包括：其一，先陈述自己的观点，然后问访谈对象的看法。其二，先陈述一些进行判断的“大前提”，然后让访谈对象说出“结论”。其三，先说出某些著名人物，如正面人物或反面人物的观点，然后让访谈对象说出看法。这时，访谈对象往往会“因人兴言”而对著名的正面人物的观点加以赞同，或“因人废言”而对著名的反面人物的观点加以批驳。无论访谈者采用何种诱导手法，所达到的结果是相同的：与其说访谈者听到了访谈对象的说法，不如说访谈者听到了自己的说法。诱导使访谈者不能了解访谈对象的真实想法，而只能了解到访谈者希望访谈对象说出的想法。

(3)访谈者不能在访谈时对访谈对象进行价值判断。没有经验的访谈者在进行访谈时往往忍不住对访谈对象的看法或说法进行价值判断。进行价值判断的主要形式包括：其一，先陈述自己对某个事物的价值判断，之后再询问访谈对象对该事物的看法；其二，对第三者的观点进行价值判断，而第三者的观点与访谈对象的观点有逻辑联系；其三，对访谈对象的观点进行批驳。其结果如下：访谈者的价值判断使访谈对象产生戒备心理，从而不敢、不愿或不屑于真实地表达自己的看法；访谈者的观点与访谈对象的观点不一致，使访谈对象三缄其口，不能深入陈述自己的观点；访谈者批驳了访谈对象的观点，使访谈对象不得不违心地放弃自己的观点。这些结果都与访谈的初衷相违背。

3. 提问的技巧

提问的技巧主要有提纲法、追尾法、延伸法和对比法。

(1)提纲法，即按照访谈之前拟定的提问提纲中问题的顺序进行访谈。此种方式的优点是不容易冷场，访谈者可以从容地按照既定的问题一个接一个地提问，特别适合访谈经验不足的人使用。该方式的缺点是，访谈之前拟定的提问顺序与访谈的话题走向、话题宽度等往往不一致，使访谈者事先拟定的提问顺序失效。按照既定的顺序进行提问，有时会显得十分生硬，不利于访谈者与访谈对象之间的互动。

(2)追尾法，即对访谈对象刚刚进行的陈述中的疑点或未能充分阐明的内容进行追问。此种方式可以使访谈顺着访谈对象的思路展开，使访谈者充分了解访谈对象的观点，可以使访谈更加深入，使访谈者和访谈对象真正互动起来。但此种方式对访谈者有一定难度，需要访谈者随时发现访谈对象陈述中的疑点。有时追尾式的提问会使访谈对象感到厌烦，尤其当该问题涉及访谈对象的隐私时。

(3)延伸法，即对访谈对象没有陈述的内容进行追问。例如，访谈对象谈到在某种情况下会如何行动，访谈者可问在相反的情况下会如何行动。此种方式可以拓宽访谈的范围，避免访谈的片面性，但需要访谈者随时发现访谈对象没有涉及的领域，具有一定的难度。

(4)对比法，即比较访谈对象在不同段落(常常是对不同提问的回答)中的陈述，发现疑点，进行追问。此种方式可以比较深入地了解访谈对象的观点，但实施起来难度较大，需要访谈者反应敏锐，对整个访谈的进程有总体的把握。

4. 倾听的技巧

积极倾听是理解信息的关键一环。要明白对方的意思，需要倾听对方所传达的信息。积极倾听本身是一种鼓励形式，能提高对方的自信心和自尊心，加深彼此之间的感情。积极倾听的访谈者能收集到更多的信息，从而做出更明智的判断。在倾听过程中，访谈者需要避免先入为主的思想，认真地听取全部有效信息。倾听受访者要掌握以下一些技巧。

(1)要消除外在与内在的干扰。外在和内在的干扰是妨碍倾听的主要因素，因此要改进倾听技巧的首要方法就是尽可能消除干扰。必须把注意力完全放在对方身上，才能掌握对方的肢体语言，明白对方说了什么、没说什么，以及对方的话所代表的感觉与意义。

(2)要面带微笑。人们常说“没有笑脸的人不要开店”。微笑会使两个陌生人成为朋友，这对访谈也同样有效。事实表明，面带微笑的倾听有利于营造一个良好的谈话氛围。

(3)自然大方。最好的姿态是在椅子上坐着，稍微向他那边倾身，不要像在家里看电视那样坐在椅子里。好的姿势是倾听的必要条件。

(4)适时赞同。赞成对方所说的话，可以轻轻地点一点头，表示赞许。对他们所说的话感兴趣时，要展露一下你的笑容。利用身体语言(如头部、臂部的摆动)表达你的意思，可以使对方感到心情愉快，增加谈话的效果。

(5)非必要时，避免打断他人的谈话。善于听别人说话的人不会因为自己想强调一些细枝末节、想修正对方话中一些无关紧要的部分、想突然转变话题，或者想说完一句刚刚没说完的话，就随便打断对方的话。经常打断别人说话就表示我们不善于听人说话，个性激进、礼貌不周，很难与人沟通。虽然说打断别人的话是一种不礼貌的行为，但是如果是“乒乓效应”则是例外。所谓“乒乓效应”，是指听人说话的一方要适时地提出许多切中要点的问题或发表一些意见感想，来响应对方的说法。还有一旦听漏了一些地方，或者是不懂的时候，要在对方的话暂时告一段落时，迅速地提出疑问之处。

(6)应辨别真相与假象。访谈法存在种种局限性，访谈对象向访谈者提供的信息有可能是虚假的、片面的，访谈对象有可能言行不一。因此，访谈者要随时对访谈对象的陈述进行真伪判断。

5. 访谈记录的技巧

无论是结构式访谈还是非结构式访谈，一般在访谈过程中都需要做记录。访谈记录对资料的整理分类、对比分析至关重要。记录应围绕访谈内容进行，突出访谈问题的变量和结构。记录应尽可能详尽，尤其是那些开放式问题的回答和围绕主题展开的额外说明更要注意记录下来。不仅要记录言语的资料，还要把言语交流中的非言语信息(如动作、表情)记录在案，这些都对分析资料具有积极意义。记录中不要试图去总结、分析和改正记录中的语句毛病，能详尽记下最好，不能详尽的，可记下关键词或用符号记录均可，目的是帮助事后回忆。另外，记录不要妨碍对方的谈话，不要让他觉得你未记完而停下来等你记，也不要因他想看你记下了什么而分散其注意力。访谈结束后，要抓紧时间整理笔记，防止有效信息的遗漏。记录的方式有表格记录、选择答案记录、笔记记录。征得受访者同意后也可录音或录像。

6. 结束访谈的技巧

访谈活动的最后一步就是做好访谈的结束工作。为此，应严格控制和掌握访谈时间。访谈者应尽可能按预定时间准时结束访谈。时间对受访者和访谈者来说都是十分宝贵的。如果由于种种原因未能完成访谈内容，需推迟结束访谈，则应征得对方的同意，如对方已有其他活动安排，则只能另约时间。按原计划应当一次完成的访谈，访谈者应尽最大努力去克服各种困难，善于控制访谈过程，力争一次完成。否则，将带来麻烦和时间、精力的损失。访谈者还要善于根据访谈气氛的变化和临时出现的各种特殊情况，灵活地把握访谈的结束时间。结束访谈时，访谈者应真诚地感谢受访者对研究工作的支持与合作，感谢对方奉献宝贵时间和提供有价值的信息资料，同时还应表示从对方那学到了很多知识。

第三节　问卷调查法

问卷调查法最初由英国的高尔顿(Galton)创立。高尔顿受其表兄达尔文进化论的影响，决心研究人类的遗传变异问题，遂于1882年在英国伦敦设立人类学调查实验室。研究需要搜集反映人类学生理特征和心理特征的大量数据，但高尔顿觉得一一访问调查相当费时费钱，于是就把需要调查的问题都印成卷面寄发出去，没想到取得了重大成功。因此，这种方法就流传到世界各个国家。

一、问卷调查法的特点与适用范围

问卷调查法是通过书面形式，以严格设计的测量项目或问题对研究对象进行调查，收集研究资料和获取研究数据，从而进行研究的一种方法。研究者将所要研究的问题编制成问题表格，以邮寄、当面作答或者追踪访问方式填答，从而了解被试者对某一现象或问题的看法和意见。

(一)问卷调查法的优点

问卷是研究者用来收集资料的一种技术，其性质重在对个人意见、态度和兴趣的调查。问卷的目的，主要是在经由填答者填写问卷后，从而得知有关被试者对某项问题的态度、意见和看法，然后比较、分析大多数人对该项问题的看法，以作为研究者参考。在公共管理研究方面，很多问题无法直接测量，只能通过问卷调查法进行间接调查。现在使用问卷进行调查的公共管理研究者越来越多，互联网也给问卷调查带来更多的机会。与其他调查方法相比，问卷调查法具有如下优点。

(1)问卷调查法效率较高、费用较低。问卷调查可以在较大范围内进行，如全国、一个省或一个地区，且在较短时间内就可获得大量调查对象的材料，其费用通常也较其他方法低。尤其是电子问卷克服了纸质问卷的一些缺点，可以通过网站、E-mail、QQ等形式进行发送与回收，调查结果可直接采用数据库记录，方便实施与调整，成本更加低廉。因此，问卷调查法是效率高、费用低的研究方法。

(2)调查结果受别人干扰较少。问卷调查一般不要求调查对象在问卷上署名。采用报刊和邮寄方式进行问卷调查，更增加了其匿名性，更有利于调查对象无所顾忌地表达自己的真实情况和想法。特别是当问卷内容涉及一些较为敏感的问题和个人隐私问题时，在非匿名状态下，调查对象往往不愿意表达自己的真实想法和意见。因此，无论是研究者还是调查员，都不可能把主观偏见带入调查研究之中，被调查者能够自由地表达意见和看法，调查结果受别人干扰较少，减少了主观因素对调查结果的真实性所产生的不利影响。

(3)调查结果便于统计处理与分析。问卷是严格按照统一原则和固定结构进行设计的，标准化程度较高，其调查问题的表达形式、提问的顺序、答案的方式与方法都是固定的，而且是一种文字交流方式，这样有利于对某种社会同质性的被调查者的平均趋势与一般情况进行比较分析，又可以对某种社会异质性的被调查者的情况进行比较分析。由于问卷调查大多是使用封闭型回答方式进行调查，所以，在资料的收集整理过程中，可以对答案进行编码，并输入计算机，进行定量处理和分析。统计分析软件也为调查结果的统计处理和分析提供了十分便利的条件。

(4)能够做大样本的调查研究。问卷调查与访谈调查情况不同，访谈法必须面对面地提出问题，收集口述材料。由于人力、财力所限，调查的样本数不可能太多，调查的地域不可能太广。而问卷调查依赖调查对象自我填答，问卷可以通过邮寄分发，也可以面对面分发。因此，问卷调查法不受人数限制，调查的人数可以较多，能够做一些大样本的调查研究。

(二)问卷调查法的局限性

问卷调查法由于具有上述优点，已被越来越多的公共管理研究者采用。但问卷调查法也有其局限性，主要体现在以下方面。

(1)问卷调查设计难。调查问卷主体内容设计的好坏，将直接影响整个专项调查的价值。问题的设计需要大量的经验，不同的人针对同一个问题，尤其是面向思维的问题，设计问卷差别可能会很大。设计问题不理想时，会散漫零乱，不易整理，且难以应用统计方法进行分析以及对结果进行科学解释。

(2)问卷调查结果广而不深。问卷调查是一种用文字进行对话的方法，如果问题太多，被访者会产生厌烦情绪，问题太多会令填答者生厌，故而置之不理。问题含混不清，便不能得到确实的回答。当填答者不合作、言不由衷时，所得结果会不可靠。因此，通常情况下，公共管理研究者将问卷设计得比较简短，这样也就不可能深入探讨某一问题及其原因。

(3)问卷调查结果的普遍性难以得到有效保证。如果问卷的回收率较低，样本的代表性将难以保证。而问卷的回收率受问卷长度、问题难易程度、是否涉及隐私、参与调查获得多少回报等因素影响。一般情况下，问卷的回收率都不会很高。所选样本或所回收的有效问卷如果不能代表样本的总体，其调查结果的代表性和普遍性就难以得到有效保证。

(4)问卷调查的实施难度较大。问卷调查的前提是调查对象能够真实回答，对那些“拒绝作答”“不懂”“装好”“装坏”“随机作答”的人束手无策。问卷调查法源于西方，适用于鼓励“普遍主义”与“诚实”的西方文化。但中国人不习惯对陌生人、公众、外界随便袒露自己的心声，因此会有较高的拒访率。例如，有很多人在回答收入等涉及个人隐私的问题时，由于面子问题，喜欢吹牛，所填数据会偏高，或者由于害怕“露富”，所答的数据会比实际值偏低，这样就会影响到公共管理研究的数据质量。

(5)问卷调查法缺乏弹性，难以充分挖掘一些深层次的信息。问卷中大部分问题的答案由问卷设计者预先划定了有限的范围，缺乏弹性，使调查对象的作答受到限制，从而可能遗漏一些更为深层、细致的信息。特别是对一些较为复杂的问题，依据简单的填答难以获得研究所需要的丰富材料。问卷对设计要求比较高，如果在设计上出现问题，调查一旦进行便无法补救。

(三)问卷调查法的适用范围

由于问卷调查法使用的是书面问卷，问卷的回答有赖于调查对象的阅读理解水平，它要求被调查者首先要能看懂调查问卷，能理解问题的含义，懂得填答问卷的方法，而在现实生活中，并不是所有的人都能达到这样的文化程度，所以它只适用于有一定文化水平的调查对象。

从被调查的内容来看，问卷调查法适用于对现时问题的调查；从被调查的样本来看，问卷调查法适用于较大样本的调查；从调查的过程来看，问卷调查法适用于较短时期的调查；从被调查者所在的地域来看，问卷调查法在城市中比在农村中适用，在大城市比在小城市适用；从被调查者的文化程度来看，问卷调查法适用于初中及以上文化程度的对象。

二、问卷的类型、结构与基本原则

根据调查目的、调查对象和调查方法来设计科学、有效的调查问卷是一项技术性较强的工作。在问卷设计之前，要熟悉和掌握调查问卷的基本类型、基本结构和基本原则，然后结合实际需要与可能，全面、慎重地思考，多方征询意见，把调查问卷设计得科学、实用，以保证取得较好的调查效果。

(一)问卷的类型

根据分类标准的不同，问卷可以分成不同的类别。根据形式，问卷可分为非结构式问卷和结构式问卷两种；根据问卷调查法传递问卷的方法不同，问卷可分为报刊问卷、邮政问卷和送发问卷；根据问卷的填答者不同和调查方法不同，问卷可分为自填问卷和访问问卷。

1. 非结构式问卷和结构式问卷

非结构式问卷，又称开放式问卷，其特点是在问题的设置和安排上没有严格的结构形式，被试者可以依据本人的意愿自由回答。非结构式问卷一般较少作为单独的问卷进行使用，往往是在对某些问题需要进一步深入调查时，与结构式问卷结合使用。通过非结构式问卷，我们可以收集到范围较广泛的资料，可以深入发现某些特殊的问题，探询到某些特殊的调查对象的特殊意见，也可以获得某项研究的补充和验证资料。有时研究者可以根据被试者的反应形成另一个新问题，做出进一步的调查，使研究者与调查对象之间形成交流，使研究更为深入。

对文化程度不高、文字表述有一定困难的调查对象，不宜采用非结构式问卷进行调查，而且问卷所收集到的资料也难以数量化，难以进行统计分析。研究者需要具有较高的研究分析能力，才能从回收的问卷中做出判断和分析。因此，这类问卷多适用于进行进一步深入调查。

结构式问卷，又称封闭式问卷，其特点有：问题的设置和安排具有结构化形式，问卷中提供有限量的答案，被试者只能选择作答。由于结构式问卷已设置了有限的答案供被试者选择作答，所以它适用于广泛的、不同阶层的调查对象。同时结构式问卷有利于控制和确定研究变量之间的关系，易于量化和进行数据的统计处理，因此，这类问卷被普遍使用。

由于结构式问卷是限制性选答，所以回收的问卷难以发现特殊的问题，也就难以获得较深入、详尽的资料。因此，通常在以结构式问卷为主的情况下，可以加入一些非结构式问题，结构式和非结构式两种类型的问卷相结合使用可以获得较好的效果。

2. 报刊问卷、邮政问卷和送发问卷

(1)报刊问卷。报刊问卷是将调查问卷登载在报刊上，随报刊发行传递到被调查者手中，并号召报刊读者对问卷做出书面回答后，按规定时间寄还给报刊编辑部或调查组织者。报刊问卷的优点是：以报刊读者为调查对象，有稳定的传递渠道以及广泛的传递面；费用和时间比较节省；能保证匿名性；回答的质量一般比较高。报刊问卷的缺点是：调查者对被调查者无法选择；问卷回收率比较低；调查者难以控制对问卷产生影响的各种因素。

(2)邮政问卷。邮政问卷是调查者通过邮局向被调查者寄发问卷，被调查者按规定填写问卷后，再通过邮局将问卷寄给调查者。邮政问卷的优点有：可以加强对被调查者的选择性，提高回答问卷的质量；能保证匿名性；比较节省人力和时间。邮政问卷的缺点是：问卷回收率比较低；无法全面控制回答过程。

(3)送发问卷。送发问卷也称留置问卷，是调查者将问卷送发给被调查者，被调查者按规定填答后，再由调查者取回问卷。送发问卷的突出优点有：问卷回收率高；问卷回收及时。送发问卷的突出缺点有：无法对填答过程进行全面控制；调查的费用、人力花费比较高。

3. 自填问卷和访问问卷

自填问卷是指由调查者发给(或邮寄给)被调查者，由被调查者自己填写的问卷。

访问问卷则是由调查者按照事先设计好的问卷或问卷提纲向被调查者提问，然后根据被调查者的回答进行填写的问卷。

一般而言，访问问卷要求简便，最好采用两项选择题进行设计；而自填问卷可以借助于视觉功能，在问题的制作上相对可以更加详尽、全面。

(二)问卷的结构

一份调查问卷一般包括七个部分，即问卷的名称、封面信、被调查者的基本情况、指导语、调查内容、编码和结束语。其中，调查内容是问卷的核心部分，是每一份问卷必不可少的内容，而其他部分则根据研究需要可取可舍。有些以选择题形式出现的问卷还将问题与备选答案分开，形成问卷和答题卡，这样做有利于重复使用问卷，减少研究成本。

(1)问卷的名称。问卷的名称应简明扼要，概括公共管理调查的主题，以使被调查者明确主要的调查内容和调查目的。对国家确定的调查问卷，还应在表头的左上方列出，《中华人民共和国统计法》第七条规定："国家机关、企业事业单位和其他组织以及个体工商户和个人等统计调查对象，必须依照本法和国家有关规定，真实、准确、完整、及时地提供统计调查所需的资料，不得提供不真实或者不完整的统计资料，不得迟报、拒报统计资料。"

(2)封面信。一份完整的专项调查问卷，还需要一封封面信。封面信是一封给被调查者的短信。它的作用在于向被调查者介绍和说明调查者的身份、调查的内容、调查的目的与意义等，它一般印在问卷表的封面或封二，封面信的篇幅宜小不宜大，二三百字最好，虽然它的篇幅短小，但在问卷调查过程中却有特殊的作用，研究者能否让被调查者接受调查并使他们认真如实地填写问卷，在很大程度上取决于封面信的质量，如涉及需要为被调查者保密的内容，必须指明予以保密不对外提供等内容，以消除被调查者的顾虑。

(3)被调查者的基本情况。被调查者的基本情况是指被调查者的一些主要特征，如对非政府组织进行专项调查，其基本情况是指组织名称、组织代码、通信地址、组织规模、组织登记注册类型和员工人数等。具体列入多少项目，应根据调查目的、调查要求而定，并非多多益善。设置这些项目，一是为了满足对调查资料进行分组研究的需要；二是以便进一步了解被调查者的情况；三是为了满足查询的需要。

(4)指导语。指导语是用来指导被调查者填写问卷的一组说明。它的作用与仪器的使用说明书相似，有些指导语集中在封面信之后，并标有“填表说明”的标题，其作用是对填表的方法、要求、注意事项等做出一个总的说明。

(5)调查内容。调查内容是调查者所要调查的基本内容，是调查问卷中最重要的部分。由于采用问卷的形式，所以调查问卷的主体内容应主要是根据调查目的，提出调查的问题和可供选择的答案。调查问卷的主体内容设计得好坏，将直接影响整个专项调查的价值。

调查问卷的主体内容主要包括三个方面：一是人们的行为，包括对被调查者本人的行为或通过被调查者了解他人的行为。例如，对消费者的消费行为进行专项调查，就要调查消费者的具体消费行为。二是人们的行为后果。例如，对开征利息税社会效应进行专项调查，就要对被调查者调查开征利息税后对其实际收入的影响、开征利息税后将如何处置在银行的存款等。三是人们的态度、意见、感觉和偏好等。例如，进行下岗职工再就业意向专项调查，就要调查目前是否有就业愿望、不愿再就业的原因、未能就业的原因、现在寻找工作的方式、希望从事哪些新工作、对政府及有关部门实施的再就业工程的要求或建议等。

设计调查问卷的主体内容应注意以下两点：一是内容不宜过多、过繁，应根据需要确定；二是上述三项内容并非每个专项调查问卷中都要设置，应根据调查的需要而决定。

(6)编码。对样本数量较大的调查问卷，为了便于计算机的汇总、分类和统计，一般要设立编码栏。编码就是给每个问题及其答案编上数码。一般编码放在问题的右边，编码的序号与问题的序号相一致。如果是样本数量较少的调查，或采用手工汇总的调查，可不设编码栏。

(7)结束语。结束语一般放在问卷的最后，用来简短地对被调查者的合作表示感谢，也可征询一下被调查者对问卷设计和问卷调查本身的看法与感受。

(三)问卷设计的基本原则

一份完善的问卷要具备三方面功能：能正确反映调查目的和具体问题，突出重点，能使被调查者乐意合作，协助达到调查目的；能正确记录和反映被调查者回答的事实，提供正确的情报；统一的问卷还便于资料的统计和整理。要真正达到研究目的，获得客观、科学的结论，在问卷设计上必须遵循一些基本的原则，具体如下。

1. 有效性原则

问卷的效度是指问卷题目的有效性和准确性，即问卷题目是否准确地反映和代表了调查者的目的与目标。问卷题目的效度越高，问卷资料利用率就越高，反之，效度越低，问卷资料利用率就越低。问卷的设计必须有效和准确地收集到所需的资料。

为了提高问卷的效度，设计问卷时要注意以下几点。

(1)需要明确问卷调查的目标。任何问卷调查都有一定的目标，即证实或证伪某个结论。明确调查目标是问卷设计的首要条件。只有目标十分明确，才能提出明确的假设，才能围绕假设来设计题目。因为为了不同的调查目标所提出的假设不同，问卷的结构、题目的总体安排、子量表和内容的构成都会是不同的。也就是说，只有目标和假设明确，才能选择好合适的问卷设计形式。

(2)要建立目标分级体系。问卷设计的过程就是将调查目标逐步具体化。为此，总目标以及各层次的具体目标就构成了目标分级体系。问卷中所有大小问题均应纳入“目标分级体系”之中，所要调查的每一个具体问题在问卷中都有反映。若问卷遗漏了某方面的设计题目，其结果就会缺乏调查所需的某方面的资料，从而影响目标的实现。但是，如果存在“目标分级体系”以外的问题，这就意味着是与问卷调查无关的问题，这些问题不应在调查问卷中出现。通过“目标分级体系”可以剔除无用的题目，同时可以鉴别、补充遗漏的题目。

(3)语句的理解保持一致性。所谓语句理解一致性，是指研究者与被试以及被试之间对问答题目的语句的理解要一致。如果不一致，就达不到研究者所要测量的目的。语句含混不清、易产生歧义，以及双重否定句或者带有情绪色彩的语句等，这些都容易造成对语句意义理解的不一致，从而影响调查的效度。因此，问题语句的设计应简单明确、具体，避免含混不清、多重含义或隐含某种诱导等。

2. 可信性原则

可信性原则，即问卷的调查结果必须确保能够客观真实地反映调查对象的情况。要提高调查结果的可信性，问卷的设计过程中需要特别注意以下三点。

(1)指标中所使用的概念语言要清楚、具体、准确和通俗易懂，要使被调查者一看就明白，而且不至于有各种不同的理解。例如，在犯罪原因的调查中，有人使用“有无前科”作为测量是否重新犯罪的指标。“前科”是一个专门的法律术语，不通俗，而且在司法实践中有不同的解释。用它来作为指标，被调查者可能因为不懂或理解错误而做出不真实的回答，从而影响调查结果的信度。

(2)指标的内容应在被调查人的知识和经验范围之内。这就要求在设计问卷时，对那些被调查人难以判断而又必须测量的指标，可以把它们分解为若干更为具体明确的问题，使被调查者能够理解，做出正确的回答。

(3)将备选答案中的层次进行适当的合并。如果备选项中层次过多，被调查者很难准确地把握相邻两个层次之间的差别，从而随便回答，造成指标可信度下降。在这种情况下，最好把有些层次进行适当合并，从而提高指标的信度。

3. 统计分析原则

问卷题目和答案的设计、安排要有利于数据处理。第一，考虑对结果进行统计分析和比较分析，在问卷正文部分应该设计有关被调查者基本情况的一些变量的题目，如性别、职称、学历和工作年限等。为了便于统计，题目和页码应该标有数码。第二，尽量采用结构式的题目，其答案应依等级顺序排列。例如：①很喜欢；②喜欢；③一般；④不喜欢；⑤很讨厌。统计时，答案的序号数码既有类别意义，表示不同答案的类别，又有大小意义，表示厌恶的程度。第三，要求调查指标是能够累计和便于累计的，指标的累计与相对数的计算是有意义的，能够通过数据清楚明了地说明所要调查的问题。

4. 心理原则

一份问卷最终是否可以获得很好的调查效果，不仅取决于问卷题目的设计，还需要考虑到题目数量和问卷版式设计两个方面要符合人的心理、思维与视觉反应特点及规律。首先，题目数量要符合人的心理特点。题目较多对调查者获取较多的信息是有帮助的。但是，题目数量越多填写问卷的时间就会越长，被调查者会有疲倦感，从而可能会草率完成调查，这样就会对问卷的可靠性产生影响。问卷一般采用选择题型，问题数量控制在25个以内，并保证被调查者可以在20分钟内完成，这样的调查效果是比较理想的。其次，版式设计要符合人的心理特点。问卷的题目不能堆放拥挤而不整齐，必须使卷面清爽、明朗、有较多的空间。有些问卷需要考虑到被调查者的接受程度，因此要在样式和排版方面追求新颖、美观。问卷的设计要考虑到是否利于被调查者完成填写，而不会造成漏题、错选等问题。最后，问题的排列要符合人的心理特点。问题排列的顺序应是先易后难，先封闭后开放，敏感性问题放在后面，以防止从一开始遇到难题或敏感性问题而产生厌恶、畏难，从而影响后面问题的回答。先问事实方面的问题，再问观念、态度方面的问题；可以相互检验的问题必须分隔开；同时要按照逻辑顺序，相同或相近内容、有逻辑联系的内容应该尽量放到一起。此外，问题题目的陈述方式应契合被调查者的心理需要，应该使其看起来亲切、感受到尊重。

第四节　实验法

一、实验法的内涵、要素、特征与局限性

实验是发现真理的基础，也是检验真理的方式。在科学史上，重大的发现和突破都与科学实验紧密联系。科学理论的发展不仅是以生产实践为基础的，而且还要依靠科学实验提供精确的数据，再经过分析、判断、推理而形成理论；科学理论是否正确，也都必须经过实践的检验，其中就包括科学实验。

（一）实验法的内涵及基本要素

实验法是在自然科学研究中创造形成的，后来被运用于社会科学研究。实验是将事物置于控制的或特定的条件下加以观测。具体来说，实验是人们根据研究目的，利用科学仪器和设备，人为地控制或模拟自然现象（自然科学实验）和社会现象（社会科学实验），排除干扰，突出主要因素，在有利的条件下研究和探索自然规律与社会规律。

实验法的定义如下：研究者按照研究目的，经过精心的设计，充分地控制实验的环境，创设一定的实验条件，科学地选择研究对象，以确立自变量与因变量之间的因果关系，探索研究对象的本质和规律的一种研究方法。实验法的基本目标是判定两个变量之间是否存在因果关系。

任何一项实验研究，一般都会涉及一些基本要素。一个完整的实验需要具备自变量与因变量、实验组与控制组、实验环境、实验操作和实验结果五个因素，在设计、组织、实施或评价一项实验时，必须将这些因素都考虑进来，才能符合科学的实验精神，才能充分发挥实验的作用。

1. 自变量与因变量

自变量是指不受其他研究变量影响而自身变化的变量。任何变量的变化都有一定的原因，但当某个变量被作为其他变量的原因来研究时，这一变量就被视为自变量。一个事物或概念是否可作为自变量完全取决于所研究的问题，而不是那个事物或概念本身。因变量是指随着其他研究变量变化而变化的变量。因变量往往是自变量变化后的结果。在实验研究中，自变量是我们做实验控制的变量，而因变量是因为自变量改变而发生改变的变量

（也就是实验所得到的结果）。实验研究的基本目标是探讨变量之间的因果关系，研究自变量对因变量的影响。与一般意义上的自变量不同的是，实验中的自变量通常是二分变量，也就是说，它通常只有两个取值，即有和无，就是给予实验刺激或不给予实验刺激。

2. 实验组与控制组

实验组是实验过程中接受实验刺激的一组对象。即使是在最简单的实验设计中，也至少会有一个实验组。控制组也称对照组，各方面与实验组都相同，但在实验过程中并不给予实验刺激的一组对象。实验者在实验中增加一个控制组，将实验组和控制组放到相同的环境条件下，给实验组加以实验刺激，而控制组没有实验刺激。然后比较实验组和控制组的前测与后测结果，如两组的前测和后测结果的变化情况不同，说明实验刺激的因素产生了作用；若情况是一样的，说明这种变化是由其他因素引起的。

3. 实验环境

实验必须在一定的环境中才能完成，这些环境是与实验对象密切相关的外部条件。在此环境中，能进行现象的重复与模拟演示，能及时获取并处理相关数据，能正确高效地分析客观事实，以保证实验在实验主体一定的控制范围内得以有效地操作实施。实验环境包括硬性实验环境与软性实验环境两部分。硬性实验环境是指实验中必备的仪器、设备、软件和场所等，这是实验的实施平台，如专门的实验室。软性实验环境是指实验中所涉及的专业知识、历史资料、规章制度和行为规范等，这是实验成功的基础。

4. 实验操作

实验操作就是实验的各个环节中所进行的具体活动，是在一定的环境中为了既定的实验目的而实施的实验步骤。实验操作根据具体的研究目的和实验对象的规律来进行，不同的实验有不同的操作内容。公共管理实验操作内容主要包括：确定实验自变量的操作原则、方法与实施程序；规定实验对象的选择原则、分组方法和实施程序；制定无关变量控制的目标、原则、方法与程序；提出阶段性实验目标达成的评价标准和方法以及终极目标达成的评价标准和方法，即进行因变量观测设计；确定实验资料的积累要求、实验数据的处理方法。

5. 实验结果

在既定目的的指引下，在有控制的环境中，通过实验操作能重现部分社会事实，虚拟一些现实中尚未发现或者不能随时发生的现象，通过反复操作能使实验者全面清晰地认识事物的客观发展状态，这些情况往往以数据或文字的形式记录保存下来，就是实验结果。实验结果是实验“投入”的最终“产出”，是一项实验的价值所在。将实验结果与现实状况进行比较分析，就可以深入把握事物本质和客观规律。实验结果是一种非常有价值的历史资料，可以供现实活动参考，同时是对一项实验活动进行评价总结的依据。当然，实验结果有可能正确，也有可能不正确，在使用时需要注意。

（二）实验法的特点

一般来说，在实验研究过程中，研究者通过引入（或操纵）一个变量（即自变量），以观察和分析它对另一个变量（即因变量）所产生的效果。从方法论上看，实验是定量研究的一种特定类型，在检验变量之间的因果关系方面，实验研究具有最突出的效用。实验法具有主动性、可控制性、可重复性、精确性和因果性等基本特点。

1. 主动性

在实验中研究者处于主动状态，可以主动地操纵实验条件，人为地改变对象的存在方式和变化过程，使它服从于认识的需要。在公共管理研究中，研究者可以有计划地引起或改变某种需要研究的公共管理现象，对某些在自然观察中不易观察到的公共管理现象和公共管理行为进行研究，而不必消极地等待它们的自然出现，从而扩大研究范围。通过科学的实验设置，研究者可以在实验中主动地消除或抵消无关变量的影响，自变量也可以按研究者的计划改变，从而考察因变量的变化，精确地确定自变量与因变量之间的关系。此外，研究者可以通过反复验证，主动地揭示某种公共管理现象或公共管理行为的发生、发展和变化规律。

2. 可控制性

实验法的精髓在于对实验条件的控制。没有控制，便无所谓实验。控制条件通常是指主动操纵自变量，客观地测定因变量，严格地控制无关变量。控制是实验法不同于观察法、访谈法和问卷调查法的根本特点。观察法、访谈法和问卷调查法往往是以不干涉研究对象的原有状态为前提的，它们不要求人为地去控制各种条件，只是等待行为的自然呈现。而实验法则要主动地去控制条件或创设条件，从而使有关现象在一定条件下产生，或将某些因素分离出来进行观测，或将某些因素控制起来使之不对结果产生影响，以纯化研究变量之间的关系。为了很好地探索公共管理研究问题的因果关系，以确保某种公共管理现象或公共管理行为的变化是由自变量的变化所引起的，就必须排除其他无关因素的影响，控制无关因素，使实验除了自变量以外的其他条件保持一致，这样才能保证公共管理实验研究具有一定的效度，否则，实验就失败了。

3. 可重复性

实验是可以重复验证的，对同一被试或相似被试在相似的控制条件下，应得出相似的研究结果。这种重复验证的程度越高，实验研究的可靠性和有效性也就越高。不能重复验证的实验，人们很难判断其数据的准确性和结论的可靠性。可重复验证也是实验研究成果推广运用的必备条件，是评判实验优劣的标准之一。公共管理实验与自然科学实验一样，只要公共管理实验理论假设正确，设计严密，操作严谨，通过人为改变条件，可以在相同的情况下重复进行，可在不同地区、不同单位产生该实验同样的预期效果。

4. 精确性

在公共管理实验研究中，可以针对研究项目的需要进行合适的实验设计，有效地控制实验环境，并反复进行研究，造成便于精确测量和运用机械方法记录的条件，使研究更为精密，以提高研究的精确性。实验研究使研究者有可能准确地、精细地、分别地研究公共管理问题的各个层面或组成部分的某个具体问题，深入细致地研究某些特定因素(自变量)对公共管理现象(因变量)的影响和效果。

5. 因果性

实验以发现、确认事物之间的因果联系为直接宗旨和主要任务，本质上是按因果推论逻辑设计与实施的，它是揭示事物之间因果联系的有效工具和必要途径。实验法在建立因果关系方面优于其他研究方法。观察法、调查法都是对自然发生的现象进行描述、归纳与分析，不能主动操纵、干预研究对象，难以排除原因与结果之外第三变量的干扰，最终很难确认事物间的因果联系，只能对某种可能性的原因进行推测。与观察法、调查法相比，实验法不仅常利用实验组与控制组的对比来确定变量的共变关系，用预测与后测来了解实验前后情况，决定变量发生变化的时间顺序，而且更重要的是采用各种控制方法、技术来改变研究对象的存在状态，排除了无关因素的干扰，从而满足了因果推论的基本条件，成为揭示变量间因果联系的有效方法。例如，看暴力电视与儿童侵犯性行为的关系，通过调查和观察发现两者有联系，但有人认为看暴力电视是原因，侵犯性行为是结果，也有人认为具有侵犯性行为的儿童更喜欢看暴力电视。要解决此问题，探求其中的因果关系，只能运用实验法。可找两类性格不同的儿童，向他们提供暴力电视，观测其行为表现。也可让两组被试任意选择电视节目，通过比较来确定看暴力电视与侵犯性行为的因果关系。

(三)实验法的局限性

实验法在现代公共管理研究中具有相当重要的地位。实验法增强了公共管理研究的科学性，这使公共管理学有机会借鉴一些自然科学特别是一些精确科学的研究方法。借助于实验的方法，可以对一些公共管理问题进行较为精确的研究和测量，能够提供有关公共管理实际问题的相对可靠的知识。实验法将事物间的因果联系以可检验的方式显现出来，最终不是靠思辨的力量而是靠事实的说服力，不是由推理的逻辑而是以可操作性的实践，不是以定性的方式而是以定量的方法来证明、确认研究对象的因果联系的客观存在，保证了研究过程的可重复性、结论的可检验性和认识结果的客观性。同时，我们也应该清楚地认识到实验法在公共管理研究中的局限性。

1. 研究周期较长，成本较高

虽然实验研究能在相对较短的时间中创造一种我们所需要的情形和事件，但是，这里的“相对较短的时间”是相对其自然产生的情形来说的。事实上，创设公共管理实验条件和环境，引发某种公共管理现象和公共管理行为，以及观察和测定自变量对因变量的影响过程与影响力等，都需要相当长的一段时间，而且需要投入较多的人力、物力和财力。在很多情境下，公共管理研究者没有足够多的时间、精力和财力来完成一项公共管理实验研究。

2. 无关变量的控制难度较大

无关变量也就是非实验因素，主要来自实验者、实验对象和实验环境三个方面。对无关变量的控制就是要从这三个方面着手，努力排除或减少非实验因素对实验过程的干扰。由于无关变量会影响因变量的测定，会对判断自变量和因变量的因果关系造成干扰，所以在实验设计时需要对其进行控制。控制无关变量是实验研究的一个关键问题。为了使自变量和因变量的对应关系显现出来，必须“净化”实验过程中的变量，也就是说，要把无关因素人为地控制起来。如果研究者在实验中对无关变量缺乏适当的、准确的控制能力，也就无法确定实验所得到的结果究竟是他假设的因素(自变量)所导致的，还是一些其他未能加以控制的无关变量所导致的。一般来说，对无关变量控制的程度越高，研究结果的准确程度越高，实验结果的可信度也就越高。只有加强对无关变量的控制并对结果进行适当的统计处理，才能将无关变量对实验结果的影响减到最低限度。在公共管理实验中，由于公共管理活动本身的复杂性和各种影响因素之间联系的复杂性，很难采取经典实验法经常采用的随机、消除、恒定、平衡和抵消等方法对无关变量进行有效控制。

3. 一些复杂的公共管理问题很难进行实验研究

实验研究的目标就是检验和证明因果关系。因此，在进行一项公共管理具体实验时，研究者应了解所要引入的自变量是什么，特别是要清楚如何引入作为自变量的实验刺激。为了检验和证明因果关系，自变量必须能够很好地被“孤立”。也就是说，所要引入和观测其效果的变量必须能够与其他变量隔离开，即实验环境能够很好地“封闭”起来。在很多公共管理实际研究中，这一点往往是最难做到的。例如，如果研究者希望研究电视节目对青少年行为的影响，他就必须从青少年所受到的家庭影响、学校影响、同龄群体影响和其他大众传媒影响中，严格地“孤立”出“电视的影响”这一因素，显然，这在实践上常常是相当困难的。此外，自变量(实验刺激)必须是可以改变的，同时是容易操纵的。最简单的改变是“有”和“无”，对应的操纵则是“给予实验刺激”和“不给予实验刺激”；更为复杂的改变则是程度上的变化，如刺激程度的“强”“中”“弱”以及刺激时间的长短等。显然，在公共管理研究中，操纵和控制自变量的强弱也是相当困难的。在所有实验中，公共管理实验可能要比物理实验、化学实验、教育实验等复杂和困难得多。这是因为公共管理实验通常涉及公共管理事件和公共管理行为，这是很难控制和重复的。有经验表明，越是宏观的公共管理现象，越是综合性较强的公共管理行为，如公共安全、公共危机、公民道德和社会伦理等问题，就越难通过严格意义上的实验法进行研究。

4. 研究的外部效度通常较低

外部效度是指实验结果的概括性和代表性，即实验结果是否可以推论到实验对象以外的其他被试，或实验情境以外的其他情境。一个实验越能实现这个目标，就表示该实验越有良好的外部效度。如果在实验室里的实验结果，只是用于实验室环境，而不能推论到日常生活情境，则说明这个实验设计的外部效度(生态效度)不高。公共管理实验，为了很好地探索因果关系，确保因变量的变化是由自变量的变化所引起的，就必须排除其他无关因素的影响，控制无关因素，使自变量很好地被“孤立”，势必要人为地创设实验所需要的环境和条件，而人为创设的环境和条件往往与实际的公共管理情景存在较大的差距，这样势必会降低研究的外部效度，影响研究结果的应用和推广。

正是由于这些原因和限制，在公共管理研究中，实验法的应用不如文献法、观察法、访谈法和问卷调查法等研究方法使用广泛。

二、实验法的分类和操作程序

(一)实验法的分类

随着自然科学的不断进步、实验手段的日益提高，实验方法的种类也越来越多。分类是对事物的一种分析方法。用不同的标准对实验进行分类，就是从不同的角度对实验进行分析，多角度的分析可以使我们对实验的认识更全面、更深入。

1. 实验室实验和现场实验

根据实验的实施场所不同，可以将实验分为实验室实验与现场实验。

(1)实验室实验。实验室实验是指在有专门设备的实验室中进行，并对实验的条件、控制以及实验设计都有严格规定的实验。具体来说，就是在实验室对影响内部效度的无关变量加以严格控制，有效地操纵某一变量；采取随机抽样和实验顺序随机安排；设置实验组与控制组；主试者通过实验器材，考察被试行为或心理的一种实验法。实验室实验要有严格的实验设计，包括选择被试(实验组、控制组)、挑选实验器材以及确定实验顺序和数据分析方法等。实验室实验能较好地控制实验条件和进程，实验环境可以较好地“封闭”，实验者能够较清楚、确切地观察到自变量对因变量的影响，较准确地考察被试的公共管理行为，较精确地揭示自变量与因变量之间的因果关系，这是实验室实验的主要优点。但实验室实验在实验内容上局限性较大。实验室实验的结果在推广性、普遍性和概括性上往往较差。原因之一是较多的实验室实验都是以一定区域研究对象的有限取样为实验对象的，而他们与众多的不同区域的成员之间存在许多差别；原因之二是实验室的环境与现实的公共管理环境之间的差别也很大。

(2)现场实验，也称实地实验。现场实验是指在实际情境中进行的实验。主试者通过实验器材，在被试现实的工作或生活中，对一部分无关变量加以控制，人为操纵某一变量，考察被试公共管理行为或心理的一种实验法。现场实验法不但在情境上要保持真实，而且要将实验器材、主试者的位置，放在被试不易觉察的地方。实验顺序安排也要加以隐蔽，不要影响被试原来的工作或生活。显示某一变量，要顺其自然，使实验组被试以自然的方式(不是勉强的或为了某项任务)做出反应。在现场实验中，研究者可以在真实的公共管理环境背景中观察到被试的自然反应，但同时研究者却又常常难以对众多有可能影响因变量的实验背景、实验条件进行控制，难以孤立出自变量的独立影响。他所能做的工作仅仅是观察发生了什么事情，即仅仅是对他无法控制的现象所产生的可能的影响进行测量。

由于人们对公共管理研究结果的现实意义或外部效度越来越重视，所以公共管理研究中的实验越来越倾向于实地实验。

2. 前实验、真实验和准实验

根据实验控制条件的严密程度不同，也就是根据对内在无效来源和外在无关因素的控制程度，能否随机选择和分配被试以及能否主动操纵实验变量，可将实验分为前实验、真实验和准实验三种类型。

(1)前实验。前实验是一种不够规范的实验。实验前缺乏清晰的假设，实验中往往不设对照组，对无关变量和实验环境的控制不够严格，干扰实验因素有很多，因此，实验结论一般只具有偶然性。

(2)真实验。真实验是指实验研究人员能够随机地把实验对象分派到实验组或控制组，也可以对实验误差来源加以控制，使实验结果能够完全归因于自变量改变的实验。这也是一种对所有可能影响实验效果的因素都做了充分控制的实验。真实验设计必须具有一些必备的条件。例如，随机指派实验对象以形成两个或多个相同的组，前测和后测，实验环境的封闭，实验刺激的控制和操纵等，这样的实验通常被称为真实验。然而，对于公共管理研究来说，很难开展类似自然科学或者心理学中常见的十分严格、十分完备的真实验。例如，实验者有时不能完全控制对自变量的操纵，有时只能进行后测，有时不能将被试随机分配到不同的实验条件中，进而极大地限制了真实验在公共管理研究中的运用。

(3)准实验。准实验是指实验研究人员无法随机分派实验对象到实验组或控制组，也不能完全控制实验误差来源的实验。准实验是一种接近实验法而又不十分合格的实验。从该方法“企求”完成的任务和达到的目的来看，它接近实验法即揭示事物间的因果关系，但从控制要求上看，又不足以称为实验法，因为控制过程无法做到十分严格。准实验是D. T. 坎贝尔和J. C. 斯坦利首创的。“准”是“类似于”“接近于”“几乎是”或者“半”的意思。D. T. 坎贝尔和J. C. 斯坦利指出，通过仔细地选择被试和测量方法，人们可以建立“在产生正确因果推论的能力上与真实实验相近的研究设计”。因此，准实验设计是在更好的实验设计无法实行的时候所使用的有实用价值的设计。

准实验设计对无关变量的控制比非实验设计要严格，但不如真实验设计对无关变量控制得充分和广泛。通常准实验设计不易对被试进行随机取样。总体来说，与标准实验相比，准实验设计具有三方面特点：有时对自变量(如被试特点的自变量)无法有意识地操纵；不能严格地控制无关变量；无法按照随机抽样原则抽取被试，也没有随机地把被试分配到各种试验处理中。

由于公共管理问题的复杂性和难控制性以及传统实验的局限性，准实验在公共管理研究中越来越受到重视。准实验在公共管理研究中可以采取一些措施：实验对象是由实地情景中已存在的公共管理部门、政府处室的公共管理者构成，而不是根据某一特定的研究假设和实验目的特别设立的；根据研究假设和实验目的通常需要选择若干职能相等的政府处室作为研究对象，如选择一个地方政府的三个处室作为研究对象，第1个处室为实验组，第2个和第3个处室为控制组；准实验中的考核(包括前测、后测)往往采取同平时政府部门相同的常规考核办法，考核表不是为某个实验而专门设计的。

3. 对比实验、析因实验、探索性实验和模拟实验

依据实验在科学研究过程中的不同作用，可将实验分为对比实验、析因实验、探索性实验和模拟实验等。

(1)对比实验。运用对比实验，就是将某个研究的事物同一个已经确定知道其结果的事物做对比，以便确定某种因素的影响。实施这种方法时，总要将进行研究的对象分成两个相似的组，其中一个是对照组，另一个是实验组，然后通过实验(也就是在对照中)判定实验组具有某种性质或受某种影响。对比实验被广泛地应用于工农业生产、生物和医学等领域的创新研究。例如，农田中比较几个品种的优劣、比较几种施肥法的优劣、比较几种田间管理方法的优劣等，都是使用对比实验来研究新品种、新施肥法和新田间管理方法。工业上比较几种工艺流程、设备性能、操作方法的优劣也使用对比实验，以完善新工艺、新设备和新方法。在公共管理研究领域，我们也可以运用对比实验来比较不同的公共政策、不同的管理方案和不同的改革措施的效果等。

(2)析因实验。析因实验是一种将两个或多个因素的各水平交叉分组，进行实验(或试验)的设计。它不仅可以检验各因素内部不同水平间有无差异，还可检验两个或多个因

素间是否存在交互作用。如果因素间存在交互作用，表示各因素不是独立的，一个因素的水平发生变化，会影响其他因素的实验效应；反之，如果因素间不存在交互作用，表示各因素是独立的，任一因素的水平发生变化，不会影响其他因素的实验效应。该设计是通过各因素不同水平间的交叉分组进行组合的。因此，总的实验组数等于各因素水平数的乘积。例如，两个因素各有 3 个水平时，实验组数为 $3 \times 3 = 9$；四个因素各有 2 个水平时，实验组数为 $2^4 = 16$。所以，当应用析因实验设计时，分析的因素数和各因素的水平数不宜过多。一般因素数不超过 4，水平数不超过 3。这种实验方法的优点是：它是一种高效率的实验设计方法，不仅能够分析各因素内部不同水平间有无差别，还具有分析各种组合的交互作用的功能。其缺点是与正交试验设计相比，其属全面性试验。因此，研究的因素数与水平数不宜过多。

(3)探索性实验。探索性实验以探索某种科学现象或科学规律为目标，通过探索研究对象的因果关系以及问题的解决，尝试建构某种科学理论体系，具有较强的创新性。这类实验有科学的理论假设、严格合理的条件控制、比较规范的实验程序以及对资料数据的统计处理，寻求尽可能大的内部效度，并以现行的科学理论解释实验结果。例如，英国科学家汉弗里·戴维(Humphry Davy，1778—1829)在真空中使两块冰在水的冰点上互相摩擦，结果冰融化了，证明了冰融化所要求的热是由摩擦产生的，推翻了“热素”说。探索性实验的特点是从已知的原因来发现它将产生的未知结果，一般用来研究公共管理理论体系中的根本性问题，有重要的理论意义和实践指导作用。

(4)模拟实验。模拟实验是指在研究过程中，由于对研究对象不能或不允许进行实际实验，为了取得对研究对象的认识，根据已知的事实、经验和一定的科学理论，设计和构想出研究对象的“替代物”——模型，通过对模型的实验，以获取研究对象的信息和资料。模拟实验使实验者突破了传统的实验室实验的思维模式，增强了直观性和可认识性。在科学实验中，由于受到各种主客观条件的限制而无法对某些公共管理行为和公共管理现象进行直接研究时，人们便可以通过模拟实验进行研究。首先设计出与该公共管理现象或公共管理行为(称为原型)相似的模型，然后通过模型间接地研究原型的规律性。模拟实验的主要特征是创造出类似公共管理活动的各种条件来研究公共管理现象和公共管理行为，它在公共管理研究中具有广泛的应用前景。

4. 定性实验和定量实验

从实验结果的性质，实验可以分为定性实验和定量实验。

(1)定性实验。定性实验是判定研究对象具有哪些性质的实验，包括判定某些因素是否存在，以及某些因素之间具有什么性质等一类的实验。其特点是回答“有没有”或者“是不是”等问题。例如，科学史上著名的“费城实验”就是定性实验。1752 年 7 月的一天，北美洲费城的上空电闪雷鸣，大雨滂沱，富兰克林(Franklin，1706—1790)冒着雷击的危险向云层放风筝。通过风筝把“天电”接收起来，第一次用实验证明云中的闪电和地面上物体摩擦所带的电在性质上是完全相同的，终于破除了关于“天电”的种种迷信说法。又如，德国的物理学家赫兹(Hertz，1857—1894)证明电磁波存在的实验；俄国物理学家列别捷夫(1866—1912)证明光具有压力的实验；美国物理学家戴维森(Davisson，1881—1958)和革末(Germer，1896—1971)证明电子具有波粒二象性的电子衍射实验。

(2)定量实验。定量实验就是测定对象的某些数值，以确定某些因素之间数量关系的实验。例如，物理学中焦耳测定热功当量的实验、汤姆逊测定电子荷质比的实验以及化学上的定量分析实验等，都是定量实验。通过定量实验，有时可以得到相应的经验定律或经验公式。同样，通过定量实验，我们可以测定不同组织结构和组织体制下的行政效率，并概括出影响行政效率的主要因素。

定性实验和定量实验虽然是不同性质的实验，但它们之间又是不可割裂的。定性实验是定量实验的基础，只有在确定了某一物质的组成成分以后，才能进一步测定其含有的数值。同时，也只有经过定量实验，才能对这一物质的整体性质有所了解。因此，从定性实验发展到定量实验，是认识不断深化的表现。特别是当定量实验与数学方法相结合之后，它在科学技术发展过程中的作用日益突出，适用范围也日益广泛，这是现代科学技术发展的重要特点之一。实验方法离不开仪器的帮助，而仪器的精密度直接影响实验的效果，这对定量实验尤为突出。定量实验的精确与否，又会直接引起研究对象性质判别上的差异。

(二)实验法的操作程序

一项完整的实验操作程序通常包括：选择研究课题，提出研究假设→确定研究变量，给出操作定义→选择实验对象，创设实验环境→操纵自变量，控制无关变量→实施实验，进行前测和后测→整理分析资料，撰写实验报告。

1. 选择研究课题，提出研究假设

必须从理论和实际的需要以及现实可行性出发，选择公共管理研究课题。从理论方面来看，课题应有助于促进当前公共管理理论和公共管理科学的发展，最好是学科核心领域的前沿性专题和重大公共管理理论问题。从实际需要来看，研究课题要紧密结合公共管理发展的客观需要，能够解决社会实际问题，对公共管理实践有较大的促进作用。从可行性来看，要选择通过公共管理实验研究可以解答的课题；要根据研究者的主客观条件来选题。

任何实验都是有理论框架和研究假设的，即都是在一定理论的指导下，通过实际的观察、测量等手段来检验假设的正确与否。实验假设在前，实验实施在后；先有理论框架，再有实践操作。整个实验过程通常是围绕验证研究假设展开的，假设是实验研究的核心。

研究假设通常是陈述两个社会现象或事物之间的因果关系或相关关系。

2. 确定研究变量，给出操作定义

在科学研究中，概念或属性往往会在质或量上有所变动，即同一概念或属性往往会以不同的状态或分量表现出来。研究者将这种具有变动特点并可以进行量度的概念称为变量。在实际研究中，有些概念测量起来较为困难，它们的量度指标不易确定。这就需要通过"操作定义"使这些概念变成可以进行量度的变量。

所谓操作定义就是一些具体的、可测量的指标对概念所做的说明。其做法是把抽象定义所界定的概念一步步从抽象层次下降到经验层次，分解为一些具体的、可测量的指标，这些指标一般都是与概念中的变量相对应的。这一过程也就是概念的操作化过程。

概念操作化的关键就是寻找一定的、能够明显区分的测量指标来说明概念的属性，其中每一项指标反映概念的某一方面或某一变量。寻找测量指标可以综合采用经验的办法和理性的办法。经验的办法是研究者通过对概念的大致理解，提出若干指标，再从中筛选出适宜者；理性的办法是通过大量查阅文献，找出概念的各种含义，根据其变量列出备选的指标，再从中筛选出适宜者。

3. 选择实验对象，创设实验环境

实验对象要具有充分的代表性，是典型环境中的典型对象，对于复杂的事物来说，还应该具有不同类型、不同层次的代表性。

选择实验对象一般有两种方法。第一种，按照随机原则从调查对象的总体中抽取。这种方法适用于调查对象总体中个体单位较多、个体之间同质性较强、实验者对调查对象总体情况了解较少的情况。第二种，主观挑选，即由实验者根据实验调查的目的、要求和对调查对象总体情况的了解，有意识地挑选那些具有代表性的单位进行实验。这种方法适用于调查对象总体中个体单位较少、个体之间异质性较强、实验者对调查对象总体情况了解较多的情况。多数实验调查采用前一种方法，以使各实验组成员的构成及其状况尽可能均等。

要特别注意实验对象和实验环境的匹配问题，所有实验对象和实验环境的各方面状况应尽可能相同或相似。只有这样，才能对实验结果进行比较研究和量化分析，才能保证实验结论的客观、准确。

4. 操纵自变量，控制无关变量

自变量是变化的措施和条件，又称实验处理。它是研究者创设和操纵的情境或刺激物，用它能促使被试产生反应和变化。实验目的是看自变量的介入会引起被试什么反应和变化。对引入自变量的控制主要是在实验激发的过程中，严格执行设计方案，有计划地、系统地安排实验激发的环境和程度，使它们有序地作用于被试。

无关变量也就是非实验因素，主要来自实验者、实验对象和实验环境三个方面。对无关变量的控制，就是要从这三个方面着手，努力排除或减少非实验因素对实验过程的干扰。一是在实验者方面，首先不能把无关变量引入实验激发中来。其次必须公平地对待实验对象，保持实验方法的稳定性和一致性。对不同的实验对象，实验激发的方式、强度和范围等要一致；检测的方法、工具和标准等要一致；统计分析的方法、依据和标准要一致。二是在实验对象方面，主要是解决前测的干扰影响和故意不配合的问题。除了要加强与实验对象的沟通，努力使他们做到对实验活动理解、支持和实事求是以外，还应尽量使他们在测量时觉察不到实验的真实意图。可以在自然环境中采用一些不太敏感的方式进行测试。三是与实验无关的社会环境因素对实验过程的干扰最多也最复杂，对它们的控制难度较大，通常是根据具体情况，选择适用方法。通过以上控制手段，虽然不能说可以彻底排除所有非实验因素对实验过程的干扰，但实验结论的客观性、准确性能够大大提高，则是可以肯定的。操纵自变量和控制无关变量的示意图如图 5－2 所示。

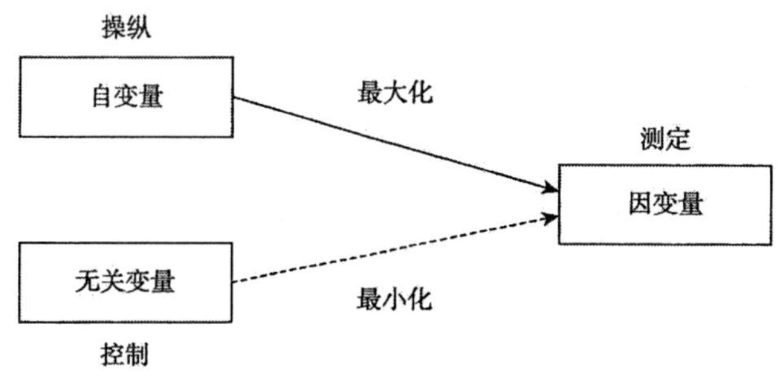

图 5－2　操纵自变量和控制无关变量的示意图

5. 实施实验，进行前测和后测

实验的前测是指实验前对被试进行的与实验相关的某些特质的测验。通过前测可以使实验者了解被试某些特质的现有水平，从而为判断实验效果建立一个基准，同时可以利用前测进行取样和分组。进行前测要注意的问题是：前测必须测出实验所研究的特质；前测要客观，尽量采用标准化测验；在测验过程中，测验人员不要给被试任何暗示。

实验的后测是和实验前测相对而言的，在实验中，后测同样是至关重要的，没有后测，实验的统计工作就无法进行，也无法得出实验的结论。实验的后测要注意的是：后测要在停止实施实验变量后立即进行，这样可以避免因被试受到其他因素的影响而发生特质水平的变化；后测和前测必须是同质测验；保证后测和前测分数的同质性。

6. 整理分析资料，撰写实验报告

对在实验过程中积累起来的资料，采用科学的统计方法进行统计分析，一般是先用描述统计的方法把反映结果的原始资料加以列表、图示或计算该资料的平均数、标准差和相关系数等，然后用推断统计的方法来检验自变量与因变量之间的关系。实验措施是否有效果要让统计下结论，而不能凭感觉推断，也不能用奖状或上级的奖励来代替统计推断，先进称号和其他的荣誉只能作为重要的参考指标。在实验中常用的推断统计方法有 Z 检验、t 检验、F 检验等。

实验最后的一个工作，就是撰写实验报告。实验报告书的格式和内容依实验研究问题的性质而定。一般来说，实验报告书的内容包括：①实验研究的问题，在报告书的开始，应当写出实验研究的问题；②实验的目的，说明实验问题的重要性以及实验的动机和目的等；③实验的计划，说明实验被试、实验方法、实验时间、实验材料、实验情境和实验步骤等；④实验的结果分析，要用统计方法分析实验结果；⑤实验的结论，结论要依据实验事实的材料，对实验研究的问题应做出明确的解答。

图 5－3 为实验研究流程。

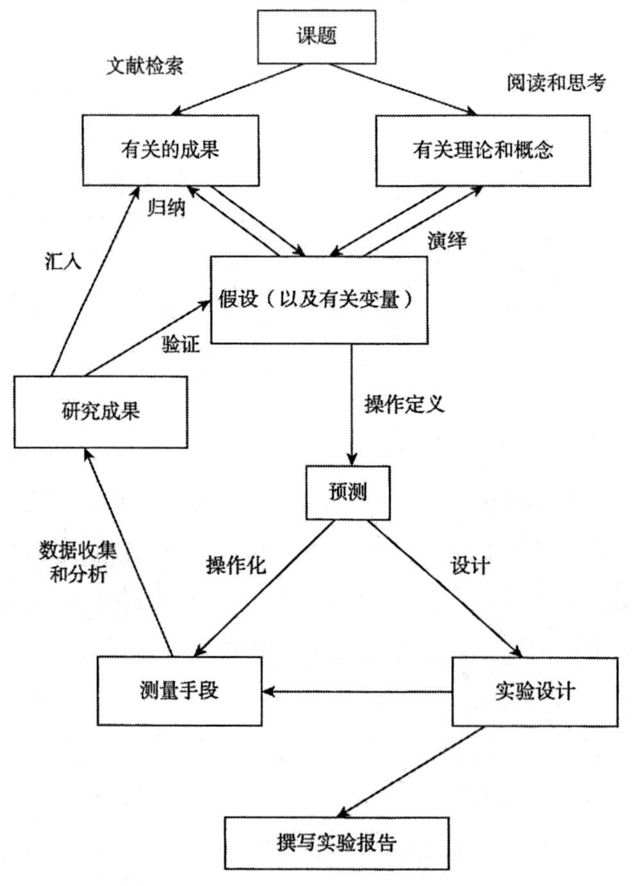

图 5－3　实验研究流程

第六章　公共管理研究中定量数据分析方法探究

本章主要研究了描述性统计、假设检验、方差分析等定量研究方法在公共管理领域的适用条件、数据处理方法等内容。

第一节　描述性统计

数据的描述性统计分析可以从三个统计特征数的分析开始：一是数据分布的集中趋势；二是数据分布的离散程度；三是数据分布的偏斜度与峰度。

一、集中趋势的度量

集中趋势是指一组数据向某中心值靠拢的倾向，集中趋势的测度实际上就是对数据一般水平代表值或中心值的测度。不同类型的数据用不同的集中趋势测度值，低层次数据的集中趋势测度值适用于高层次的测量数据，反过来，高层次数据的集中趋势测度值并不适用于低层次的测量数据，选用哪一个测度值来反映数据的集中趋势，要根据所掌握的数据类型来确定。集中趋势的特征数，是代表一组数据典型水平或集中趋势的统计量。常用的集中趋势的特征数包括算术平均数、几何平均数、中位数、众数与调和平均数等，它们的作用都是度量次数分布的集中趋势。集中趋势特征数的计算是公共管理研究中处理数据的重要方法。

（一）算术平均数

算术平均数简称为均数。样本平均数通常用 $\bar{x}$ 表示，总体平均数用希腊字母 μ 表示。

平均数适用于对称分布，特别是正态或近似正态分布的计量资料。算术平均数在统计学中具有重要地位，是集中趋势的最主要测度值。根据所掌握数据形式的不同，算术平均数有简单算术平均数和加权算术平均数。

（1）简单算术平均数。未经分组整理的原始数据，其算术平均数的计算就是直接将一组数据的各个数值相加除以数值个数。设样本数据为 x_1，x_2，…，x_n，则样本均值 $\bar{x}$ 的计算公式为：

$$\bar{x} = \frac{x_1 + x_2 + \cdots + x_n}{n} = \frac{\sum_{i=1}^{n} x_i}{n}$$

（2）加权算术平均数。根据分组整理的数据计算的算术平均数，就要以各组变量值出现的次数或频数为权数计算加权的算术平均数。设原始数据被分成 k 组，各组的组中值分别为 x_1，x_2，…，x_k，各组相应的频数分别为 f_1，f_2，…，f_k，则样本的加权算术平均数为：

$$\bar{x} = \frac{x_1 f_1 + x_2 f_2 + \cdots + x_k f_k}{f_1 + f_2 + \cdots f_k} = \frac{\sum_{i=1}^{k} x_i f_i}{\sum_{i=1}^{k} f_i}$$

上式中是用各组的组中值代表各组的实际数据，使用代表值时是假定各组数据在各组中是均匀分布的，但实际情况与这一假定会有一定的偏差，使利用分组资料计算的平均数与实际的平均值会产生误差，它是实际平均值的近似值。

（二）几何平均数

几何平均数，是指社会经济现象的同质总体在时间上变动速度的平均数，也即统计总体在一段时期内的平均发展速度。因此，它属于动态平均数，是与静态平均数在含义上、计算方法上都不相同的另一种类型的平均数。

平均发展速度一般用几何平均数表示。平均发展速度是总速度的平均，但平均发展速度不等于各年发展速度之和的平均，而等于各年环比发展速度的连乘积的平均。因此，求环比发展速度的平均数，不能用总和法，按算术平均数公式计算，只能按连乘法，用几何平均数公式来计算。

根据掌握的数据资料不同，几何平均数可分为简单几何平均数和加权几何平均数两种。

(1)简单几何平均数。根据未经分组的资料计算平均数。几何平均数的计算公式如下：

$$\bar{x}_G = \sqrt[n]{x_1 \cdot x_2 \cdot \cdots \cdot x_n} = \sum \sqrt[n]{\prod_{i=1}^{n} x_{x_i}}$$

(2)加权几何平均数。当掌握的数据资料为分组资料，且各个变量值出现的次数不相同时，应用加权方法计算几何平均数。加权几何平均数的公式如下：

$$\bar{x}_G = \sqrt[f_1+f_2+\cdots+f_n]{x_1^{f_1} \cdot x_2^{f_2} \cdot \cdots \cdot x_n^{f_n}} = \sum \sqrt[f]{\prod_{i=1}^{n} x_{x_i}^{f_i}}$$

在上面两个计算公式中，$\bar{x}_G$ 表示几何平均速度；x_1，x_2，x_3，…，x_n 分别表示各年环比发展速度；n 表示环比发展速度的项数；f_i 为每个环比发展速度的权重。

时间数列中几何平均发展速度等于各环比发展速度的连乘积的 n 次方根，故几何平均速度的计算公式也可以表示为：

$$\bar{x}_G = \sqrt[n]{\frac{a_1}{a_0} \times \frac{a_2}{a_1} \times \cdots \times \frac{a_n}{a_{n-1}}} = \sqrt[n]{\frac{a_n}{a_0}}$$

式中，a_0，a_1，a_2，a_3，…，a_n 分别表示各个不同时期的发展水平指标；a_1/a_0，a_2/a_1，a_3/a_2，…，a_n/a_{n-1}分别为环比发展速度。

当需要计算某一周期内的平均经济增长率、人口增长率、科技进步速度和社会发展速度时，若用算术平均数来计算会得出错误的结果，但几何平均数可以解决这个问题。几何平均数通常用于计算指数、百分比和增长速度的平均数。

几何平均数的主要作用是：①它是计算平均发展速度的最优方法；②当社会经济总体是等比增长时，采用几何平均数反映其发展情况比较合适，此时几何平均数具有更强的代表性。

(三)中位数

中位数是一组按大小顺序排列的观察值中位居中间的数值，通常用 M_e 表示。它常用于描述偏态分布资料的集中趋势。中位数是一个位置代表值，因此它不受极端变量值的影响，特别是当分布末端无确定数据不能求算术平均数和几何平均数时，可以用中位数来表示数据分布的集中趋势。

对于已分组的数据来说，中位数的计算公式如下：

$$M_e = L + \frac{\frac{\sum f}{2} - S'_{m-1}}{f_m} \cdot i$$

$$M_e = U - \frac{\frac{\sum f}{2} - S'_{m+1}}{f_i} \cdot i$$

式中，S'_{m-1}为到中位数组前面一组为止的向上累计频数；S'_{m+1}则为到中位数组后面一组为止的向下累计频数；f_m 为中位数组的频数；i 为中位数组的组距。

中位数的定义表明，中位数就是将某变量的全部数据均等地分为两半的那个变量值。因此，一组观测值中小于中位数（M_e）的个数和大于中位数（M_e）的个数相等。M_e 是累积频率为 0.50 所对应的 x 的值，如图 6－1 所示。

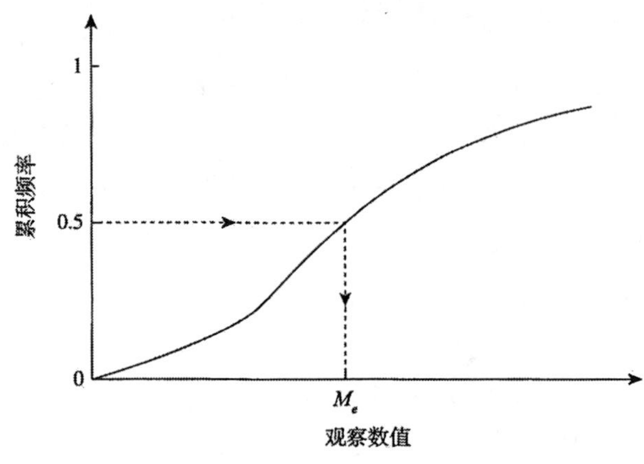

图 6－1　中位数示意图

（四）众数

众数是指一组数据中出现次数最多的变量值，用 M_0 表示。从变量分布的角度来看，众数是具有明显集中趋势点的数值，一组数据分布的最高峰点所对应的变量值即众数。当然，如果数据的分布没有明显的集中趋势或最高峰点，众数也可以不存在；如果有多个高峰点，也就有多个众数。

众数是集中趋势的测度值之一，出现次数最多的变量值，不受极端值的影响，可能没有众数或有几个众数，适用于定类数据、定序数据、定距数据和定比数据。在统计实践中，当一组数据出现不同质的情况，或分布中出现极端数据时，用众数来描述数据的集中趋势较为合适。

设众数组的频数为f_m，众数前一组的频数为f_{-1}，众数后一组的频数为f_{+1}。当众数相邻两组的频数相等时，即$f_{-1}=f_{+1}$，则众数组的组中值即众数；当众数组前一组的频数多于众数组后一组的频数时，即$f_{-1}>f_{+1}$，则众数会向其前一组靠拢，众数小于其组中值；当众数组后一组的频数多于众数组前一组的频数时，即$f_{-1}<f_{+1}$，则众数会向其后一组靠拢，众数大于其组中值。基于这种思路，借助于几何图形而导出的分组数据众数的计算公式如下：

$$M_0 \doteq L + \frac{f_m - f_{-1}}{(f_m - f_{-1}) + (f_m - f_{+1})} \times i$$

$$M_0 \doteq U - \frac{f_m - f_{+1}}{(f_m - f_{-1}) + (f_m - f_{+1})} \times i$$

式中，L 表示众数所在组的下限；U 表示众数所在组的上限；i 表示众数所在组的组距；f_m 为众数组的频数；f_{-1} 为众数组前一组的频数；f_{+1} 为众数组后一组的频数。

上述下限和上限公式是假定数据分布具有明显的集中趋势，且众数组的频数在该组内是均匀分布的，若这些假定不成立，则众数的代表性就会很差。从众数的计算公式可以看出，众数是根据众数组及相邻组的频率分布信息来确定数据中心点位置的，因此，众数是一个位置代表值，它不受数据中极端值的影响。

（五）调和平均数

在统计分析中，有时由于统计资料的原因没有掌握总体单位数（频数），只有每组的变量值和相应的标志频数。这种情况下就不能直接运用算术平均方法来计算，而需要以迂回的形式，即用每组的标志频数除以该组的变量值推算出各组的单位数，才能计算出平均数，也就是说要运用调和平均的方法。

调和平均数也称倒数平均数，它是对变量（x）的倒数求平均，然后取倒数而得到的平均数。根据掌握的统计资料不同，调和平均数可以分为简单调和平均数和加权调和平均数。

（1）简单调和平均数：

$$\bar{R} = \frac{1}{\dfrac{\frac{1}{x_1} + \frac{1}{x_2} + \cdots + \frac{1}{x_n}}{n}} = \frac{n}{\frac{1}{x_1} + \frac{1}{x_2} + \cdots + \frac{1}{x_n}} = \frac{n}{\sum \frac{1}{x}}$$

（2）加权调和平均数：

$$\bar{R} = \frac{1}{\dfrac{\frac{m_1}{x_1} + \frac{m_2}{x_2} + \cdots + \frac{m_n}{x_n}}{m_1 + m_2 + \cdots + m_n}} = \frac{m_1 + m_2 + \cdots + m_n}{\frac{m_1}{x_1} + \frac{m_2}{x_2} + \cdots + \frac{m_n}{x_n}} = \frac{\sum_{i=1}^{n} n_i}{\sum_{i=1}^{n} \frac{m_i}{x_i}}$$

二、离散趋势的度量

公共管理研究或调查所得到的数据，大都具有随机变量的性质。而对这些随机变量的描述，仅有集中趋势的度量是不够的。集中量数只描述数据的集中趋势和典型情况，还不能说明一组数据的全貌。数据除典型情况之外，还有变异性的特点。对数据变异性即离散趋势进行度量的一组统计量，称作差异量数，这些差异量数有标准差或方差、全距、平均差、四分位差及变差系数等。如果一组数据是产品质量检查的结果，那么数据的变异情况说明生产是否稳定；如果数据是测量的结果，那么变异的情况说明测量方法是否正确、仪器是否精密；如果数据是学生的成绩，那么变异的情况说明成绩是否整齐(而不是高低)。

(一)极差

极差又称全距，是指总体中最大标志值与最小标志值之差。用极差反映总体分布的离散程度十分简便。其计算公式如下：

$$R = x_{max} - x_{min}$$

式中，x_{max}和x_{min}分别为数据中的极大值与极小值。由此可以看出，极差的计算非常简便，所以在现场检查时经常使用，但是极差没有考虑各中间值。

(二)四分位差

四分位差是先将一组数据按大小排列成序，然后将其四等分，去掉序列中最高的1/4和最低的1/4，仅就中间的一半数值来测定数据的离散程度，通常用符号Q来表示。也就是说，四分位差是在中间的50%的数据的全距。与极差相比，四分位差的优势是能够克服极端值的影响。其计算公式如下：

$$Q = Q_3 - Q_1$$

式中，Q_1为第1四分位数，即第25百分位数；Q_3为第3四分位数，即第75百分位数。

(三)平均差

平均差是离差(样本值与均值之差)的绝对值的平均数，即

$$\text{M. D.} = \frac{1}{n}\sum_{i=1}^{n}|x_i - \bar{x}|$$

对于已分组的频数分布(组数为k)：

$$\text{M. D.} = \frac{1}{n}\sum_{i=1}^{k}f_i|x_i - \bar{x}|$$

平均差反映全部标本数据平均的误差，比极差和四分位差更能全面地反映总体的数据变动情况，它的缺点是绝对值不适于进行进一步的数学分析。

(四)方差和标准差

方差也称变异数、均方，常用符号S^2表示；作为总体参数时，常用符号σ^2表示。它

是每个数据与该组数据平均数之差平方后的均值，即离均差平方后的平均数。方差，在数理统计中又常称为二阶中心矩或二级动差。它是度量数据分散程度的一个很重要的统计特征数。标准差即方差的平方根，常用 S 或 SD 表示。若用 σ 表示，则是指总体的标准差。

(1)总体方差。

$$\sigma^2 = \frac{1}{n}\sum_{i=1}^{n}(x_i - \bar{x})^2 \text{(未分组的数据)}$$

$$\sigma^2 = \frac{1}{n}\sum_{i=1}^{k}f_i(x_i - \bar{x})^2 \text{(已分组的数据)}$$

(2)样本方差。

$$S^2 = \frac{1}{n-1}\sum_{i=1}^{n}(x_i - \bar{x})^2 \text{(未分组的数据)}$$

$$S^2 = \frac{1}{n-1}\sum_{i=1}^{k}f_i(x_i - \bar{x})^2 \text{(已分组的数据)}$$

方差可以起到与平均差相同的作用，且避免了绝对值的运算。但方差也有缺点，那就是所取的单位是 x 的单位的平方(当 x 为身高，单位为厘米时，方差的单位为平方厘米；当 x 为成绩，单位为分时，方差单位为分的平方，这都是不好解释的)，因此用它的正平方根，即标准差。

(3)总体标准差。

$$\sigma = \sqrt{\frac{1}{n}\sum_{i=1}^{n}(x_i - \bar{x})^2} \text{(未分组的数据)}$$

$$\sigma = \sqrt{\frac{1}{n}\sum_{i=1}^{k}f_i(x_i - \bar{x})^2} \text{(已分组的数据)}$$

(4)样本标准差。

$$S = \sqrt{\frac{1}{n-1}\sum_{i=1}^{n}(x_i - \bar{x})^2} \text{(未分组的数据)}$$

$$S = \sqrt{\frac{1}{n-1}\sum_{i=1}^{k}f_i(x_i - \bar{x})^2} \text{(已分组的数据)}$$

方差与标准差是表示一组数据离散程度的最好的指标。其值大，说明离散程度大；其值小，说明数据比较集中。它是统计描述与统计分析中最常应用的差异量数，基本具备一个良好的差异量数应具备的条件：①反应灵敏，每个数据取值发生变化，方差或标准差都随之变化；②由一定的计算公式严密确定；③容易计算；④适合代数运算；⑤受抽样变动的影响小，即不同样本的标准差或方差比较稳定；⑥简单明了，这一点与其他差异量数比较稍有不足，但其意义还是较明显的。除上述之外，方差还具有可加性特点，它是对一组数据中造成各种变异的总和的测量，能利用其可加性分解并确定出属于不同来源的变异性

(如组间、组内等),并可进一步说明每种变异对总结果的影响。在描述统计部分,只需要标准差就足以表明一组数据的离散趋势了。

(五)变差系数

当所观测的样本水平比较接近,而且是对同一个特质使用同一种测量工具进行测量时,要比较不同样本之间离散程度的大小,一般可直接比较标准差或方差的大小。标准差值大,说明该组数据较分散;标准差值小,则说明该组数据较集中。标准差的单位与原数据的单位相同,因而有时称它为绝对差异量。在对不同样本的观测结果的离散程度进行比较时,常会遇到的情况是:①两个或多个样本所测的特质不同,即所使用的观测工具不同,如何比较其离散程度?②即使使用的是同一种观测工具,但样本的水平相差较大时,如何比较它们的离散程度?在第一种情况下,标准差的单位不同,显然不能直接比较标准差的大小。第二种情况虽然标准差的单位相同,但两样本的水平不同,这可以从平均数的大小明显不同确定。通常情况下,平均数的值较大,其标准差的值一般也较大,平均数的值较小,其标准差的值也较小。在这种情况下,若直接比较标准差取值的大小,借以比较不同样本的分散情况是无意义的。由此可见,上述两种情况下,若用绝对差异量进行直接比较以确定其分散程度的大小是不行的,这时可用相对差异量进行比较。最常用的相对差异量就是变差系数。

变差系数又称变异系数、相对标准差等,通常用符号 CV 表示,其计算公式如下:

$$\mathrm{CV} = \frac{S}{\bar{X}} \times 100\%$$

式中,S 为某样本的标准差;$\bar{X}$ 为该样本的平均数。变异系数是一个无量纲的量,它适合用在比较有不同算术平均数或有不同量纲的两组数据的情况。

三、偏斜度与峰度的度量

集中趋势和离散趋势是数据分布的两个重要特征,但要全面了解数据分布的特点,还需要知道数据分布的形状是否对称、偏斜的程度以及分布的扁平程度等。偏斜度和峰度就是对这些分布特征的描述。偏斜度是对数据分布的偏移方向和程度所做的进一步描述;峰度是用来对数据分布的扁平程度所做的描述。对偏斜程度的描述用偏斜度系数;对扁平程度的描述用峰度系数。

(一)动差法

动差又称矩,原是物理学上用以表示力与力臂对重心关系的术语,这个关系和统计学中变量与权数对平均数的关系在性质上很相似,因此统计学也用动差来说明频数分布的性质。

一般来说，取变量的 a 值为中点，所有变量值与 a 之差的 K 次方的平均数称为变量 X 关于 a 的 K 阶动差，用式子表示为：

$$\frac{\sum (X-a)^K}{N}$$

当 $a=0$ 时，即变量以原点为中心，上式称为 K 阶原点动差，用大写英文字母 M 表示。

一阶原点动差为 $M_1 = \frac{\sum X}{N}$，即算术平均数。

二阶原点动差为 $M_2 = \frac{\sum X^2}{N}$，即平方平均数。

三阶原点动差为 $M_3 = \frac{\sum X^3}{N}$。

……

当 $a=\bar{X}$ 时，即变量以算术平均数为中心，上式称为 K 阶中心动差，用小写英文字母 m 表示。

一阶中心动差为 $m_1 = \frac{\sum (X-\bar{X})}{N} = 0$

二阶中心动差为 $m_2 = \frac{\sum (X-\bar{X})^2}{N} = \sigma^2$

三阶中心动差为 $m_3 = \frac{\sum (X-\bar{X})^3}{N}$

……

（二）偏斜度

偏斜度是对统计数据分布偏斜方向及程度的度量。统计数据的频数分布有的是对称的，有的是不对称的，即呈现偏态。在偏态的分布中，又有两种不同的形态，即左偏态和右偏态。我们可以利用众数、中位数和算术平均数之间的关系判断分布是左偏态还是右偏态，但要度量分布偏斜的程度，就需要计算偏斜度了。

采用动差法计算偏斜度系数是用变量的三阶中心动差 m_3 与 σ^3 进行对比，计算公式为：

$$\alpha = \frac{m_3}{\sigma^3}$$

当分布对称时，变量的三阶中心动差 m_3 由于离差三次方后正负相互抵消而取得 0 值，则 $\alpha=0$；当分布不对称时，正负离差不能抵消，就形成正的或负的三阶中心动差 m_3。当 m_3

为正值时，表示正偏离差值比负偏离差值要大，可以判断为正偏态或右偏态；当 m_3 为负值时，表示负偏离差值比正偏离差值要大，可以判断为负偏态或左偏态。$|m_3|$ 越大，表示偏斜的程度就越大。三阶中心动差 m_3 含有计量单位，为消除计量单位的影响，就用 σ^3 去除 m_3，使其转化为相对数。同样，α 的绝对值越大，表示偏斜的程度就越大。

（三）峰度

峰度是用来衡量统计数据分布的集中程度或分布曲线的尖峭程度的指标。其计算公式为：

$$\alpha_4 = \frac{m_4}{\sigma^4} = \frac{\sum (X - \bar{X})^4 F_i}{\sigma^4 \cdot \sum F_i}$$

统计数据分布曲线的尖峭程度与偶数阶中心动差的数值大小有直接关系，m_2 是方差，于是就以四阶中心动差 m_4 来度量分布曲线的尖峭程度。m_4 是个绝对数，含有计量单位，为消除计量单位的影响，将 m_4 除以 σ^4，就得到无量纲的相对数。衡量数据分布的集中程度或分布曲线的尖峭程度往往是以正态分布的峰度作为比较标准的。在正态分布条件下，$\frac{m_4}{\sigma^4}=3$，将各种不同分布的尖峭程度与正态分布比较。

当峰度 $\alpha_4>3$ 时，表示分布的形状比正态分布更尖更高，这意味着分布比正态分布更集中在平均数周围，这样的分布称为尖峰分布，如图 6－2（a）中的虚线所示；$\alpha_4=3$ 时，分布为正态分布；$\alpha_4<3$ 时，表示分布比正态分布更扁平，意味着分布比正态分布更分散，这样的分布称为平峰分布，如图 6－2（b）中虚线所示。

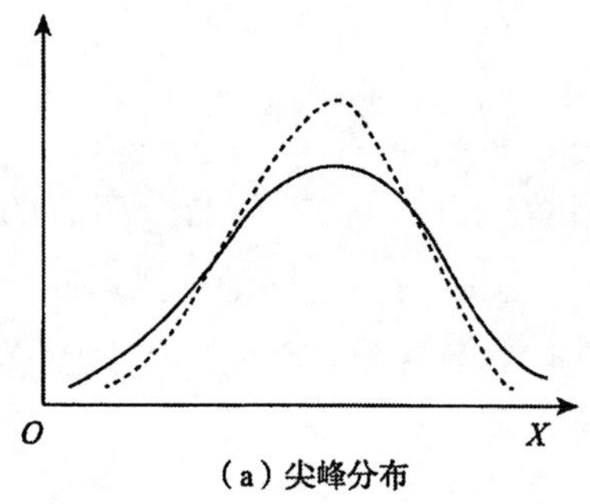

（a）尖峰分布

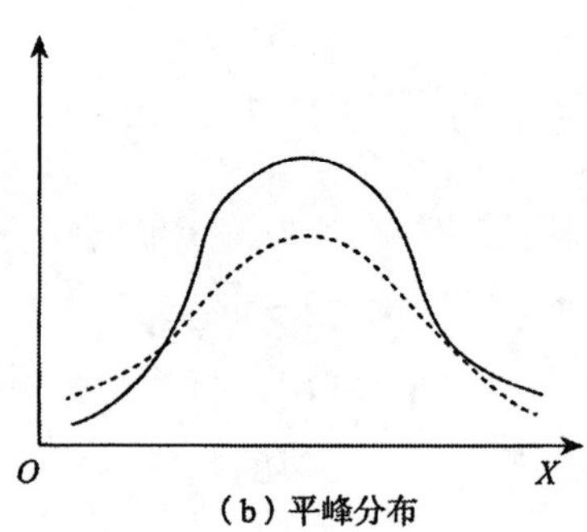

（b）平峰分布

图 6－2　尖峰分布与平峰分布示意图

第二节　假设检验

在公共管理研究中，常常需要对所研究的问题提出某种假设，而这种假设的真假性有待检验，因此，我们利用样本值 x_1，x_2，…，x_n 所提供的信息，应用统计分析方法检验这个假设是否正确，从而对假设做出拒绝或接受的判断，这就是本节所要讨论的假设检验问题。

一、假设检验的基本问题

(一)假设与假设检验

假设是科学研究中广泛应用的方法，它是根据已知理论与事实对研究对象所做的假定性说明。统计学中的假设一般专指用统计学术语对总体参数所做的假定性说明。在进行任何一项研究时，都需要根据已有的理论和经验事先对研究结果做出一种预想的假设。这种假设叫科学假设，在统计学上称为研究假设。对这种研究假设进行证实或证伪的过程就叫作假设检验。

假设检验过程先要提出一个原假设，如某正态总体的均值等于5。这种原假设也称为零假设，记为 H_0。与此同时，必须提出备选假设(或称为备择假设)，如总体均值大于5。备选假设记为 H_1。备选假设应该按照实际所代表的方向来确定，即它通常被认为可能比零假设更符合数据所代表的现实。著名统计学家费舍曾指出："可以说，每一实验的存在，仅仅是为了给事实一个反驳虚无假设的机会。"在假设检验中 H_0 总是作为直接被检验的假设，而 H_1 与 H_0 对立，二者择其一。

由于统计中假设检验的目的在于检验差异，所以这种检验又叫差异的显著性检验。假设检验，就是事先对总体(随机变量)的参数或总体分布形式做出一个假设，然后利用样本信息来判断这个假设(原假设)是否合理，即判断总体的真实情况与原假设是否显著地有差异。或者说，假设检验要判断样本与我们对总体所做的假设之间的差异是纯属机会变异，还是由我们所做的假设与总体真实情况之间不一致所引起的。

例如，一名被告正在受到法庭的审判。根据英国的法律，先假定被告是无罪的，于是，证明他有罪的责任就是原告律师的事情了。用假设检验的术语表示，那就是要建立一个假设，记为 H_0：被告是无罪的。另一个可供选择的假设记为 H_1：被告是有罪的。法庭陪审团要审查各种证据，以确定原告律师是否证实了这些证据与无罪这一基本假设不一致。如果陪审员们认为证据与无罪这一基本假设不一致，他们就拒绝该假设而接受其备择假设 H_1，即认为被告有罪。

又如，教育部要检验 2012 年录取的大学新生平均身高是否达到了 170 厘米的标准，这就需要提出原假设（H_0）：2012 年大学新生（总体）的平均身高（μ）是 170 厘米。为了检验这个假设是否正确，需要根据随机取样的原则，从 2012 年的大学新生总体中选取样本并计算样本的平均高度，以此来检验原假设的正确性。

需要检验的原假设 H_0: $\mu = 170$ 厘米（即大学新生总体平均高度等于 170 厘米）。其备择假设就是 H_1：$\mu \neq 170$ 厘米（即大学新生总体平均高度不等于 170 厘米）。

总体平均数的假设有三种情况：

（1）H_0：$\mu = \mu_0$；H_1：$\mu \neq \mu_0$。

（2）H_0：$\mu \geqslant \mu_0$；H_1：$\mu < \mu_0$。

（3）H_0：$\mu \leqslant \mu_0$；H_1：$\mu > \mu_0$。

假设检验从对总体参数所做的一个假设开始，然后收集样本数据，计算出样本统计量，进而运用这些数据测定假设的总体参数在多大程度上是可靠的，并做出接受还是拒绝原假设的判断。

假设检验一般分为参数假设检验和非参数假设检验两种类型。参数假设检验对变量的要求较为严格，适用于等距变量和等比变量，非参数假设检验对变量的要求较为自由，既适用于等距变量和比率变量，也适用于分类变量和顺序变量，如表 6－1 所示。

表 6－1　参数和非参数假设检验对变量的要求

变量测量层次	数学性质	描述统计量	适宜的统计分析
分类变量	=、≠	众数 频率 列联系数	非参数统计分析
顺序变量	=、≠ >、<	中位数 百分位数 Kendall 相关 Spearman 相关	

续表

变量测量层次	数学性质	描述统计量	适宜的统计分析
等距变量	=、≠ >、< +、-	平均值 方差 Pearson 相关	参数统计分析 非参数统计分析
等比变量	=、≠ >、< +、- ×、/	几何均值 变差系数 多重相关系数	

（二）假设检验的小概率事件

小概率原理：小概率事件在一次试验中是几乎不可能发生的，假设在一次试验中事件 A 事实上发生了，那么只能认为事件 A 不是来自我们假设的总体，也就是认为我们对总体所做的假设不正确。就有理由怀疑该假设的真实性，“拒绝”这一假设(图 6－3)。

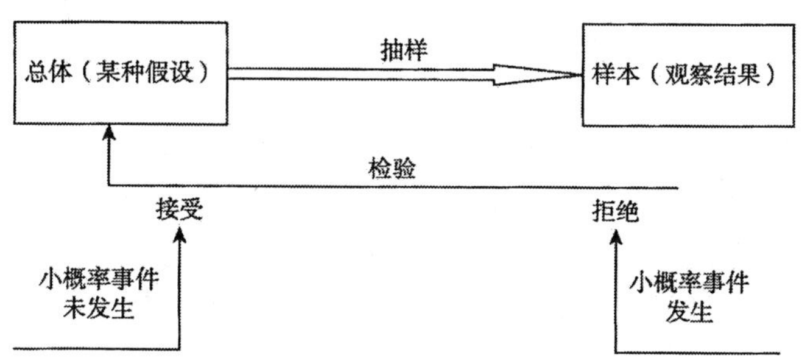

图 6－3　小概率原理示意图

例如，有一个厂商声称，它的产品的合格品率很高，可以达到 99%，那么从一批产品(如 100 件)中随机抽取一件，这一件恰恰是次品的概率非常小，只有 1%。如果厂商的宣传是真的，那么随机抽取一件是次品的情况几乎是不可能发生的。但如果这种情况确实发生了，就有理由怀疑原来的假设，即产品中只有 1% 的次品的假设是否成立，这时就有理由推翻原来的假设，可以做出厂商的宣传是假的这样一个推断。

依据小概率原理推断可能会犯错误。上例中 100 件产品中确实只有 1 件是次品，如恰好在一次抽取中被抽到了，犯错误的概率是 1%，也就是说，我们在冒 1% 的风险做出厂商宣传是假的这样一个推断。

（三）Ⅰ型错误和Ⅱ型错误

由于“抽样”样本的随机性和局部性，它所提供的关于总体特征的信息必然存在缺陷，它的缺陷也将传递到假设检验的最终决策中，这就潜伏了犯错误的可能。

陪审团做决定时发生的情况，对原假设 H_0(被告无罪)来说，存在四种可能情况：

(1) H_0 为真，即被告无罪，陪审团也确认他无罪，接受 H_0。陪审团做出了正确的决断。

(2) H_0 为真，即被告无罪，但陪审团确认他有罪，拒绝 H_0，陪审团做出了错误的决断。

(3) H_0 不真，即被告有罪，陪审团也确认他有罪，拒绝 H_0，陪审团做出了正确的决断。

(4) H_0 不真，即被告有罪，但陪审团确认他无罪，接受 H_0，陪审团做出了错误的决断。

在上述第二种和第四种可能的情况下，陪审团决断错误。

Ⅰ型错误(弃真错误)：原假设 H_0 本来为真，却错误地否定了。上述第二种情况就属于弃真错误。

Ⅱ型错误(取伪错误)：原假设 H_0 不真，但做出接受 H_0 的选择。上述第四种情况就属于取伪错误。

犯两种错误的概率如下：在假设检验中，犯Ⅰ型错误(type Ⅰ error)的概率记为 α，α 也称为显著性水平。犯Ⅱ型错误(typeⅡerror)的概率记为 β(图 6－4)。

陪审团审判		
判决	真实的情况	
	无罪	有罪
无罪	判决正确	判决错误
有罪	判决错误	判决正确

→

假设检验		
结论	总体参数的实际情况	
	原假设为真	备择假设为真
未拒绝原假设	结论正确	第二类错误
拒绝原假设	第一类错误	结论正确

图 6－4　假设检验的四种可能结果

假设检验中犯Ⅰ型错误的概率，称为显著性水平，即指当零假设实际上是正确时，检验统计量落在拒绝域内的概率，通常用[$\alpha = p$(不合格 H_0/H_0 合格)]表示。它体现了对原假设的“保护”程度，水平越小，拒绝原假设要求的理由就越充分，对原假设的保护越严密。α 的取值一般有 1%、5%。这种只对第一类错误的概率加以控制，而不考虑犯第二类错误的概率的检验，称为显著性检验。

人们自然希望犯这两类错误的概率越小越好。但对于一定的样本容量 n，两类错误有相反的关系(如图 6－5 所示)，减小 α 会引起 β 增大，减小 β 会引起 α 增大。

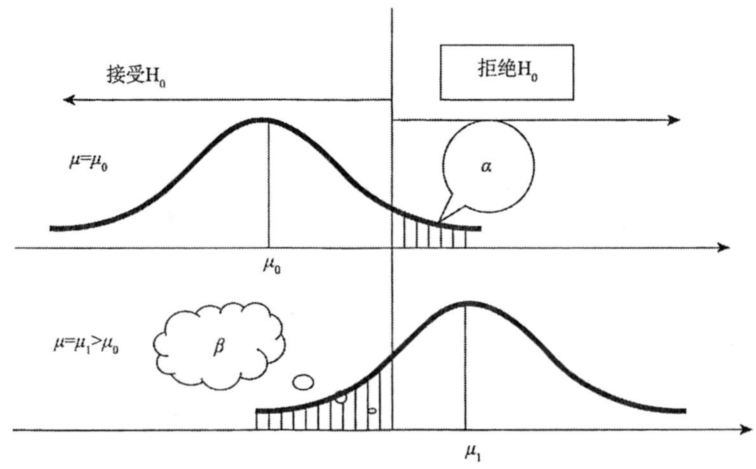

图 6－5　假设检验中犯两类错误的关系

图 6－5 中上图显示，如果原假设 H_0：$\mu=\mu_0$ 为真，样本的统计结果落入阴影中的概率为 α，若给予拒绝，犯弃真错误的概率为 α；图 6－5 中显示，如果原假设 H_0：$\mu=\mu_0$ 为不真，因为 $\mu_1>\mu_0$，若接受原假设，犯取伪的错误，其概率为 β。

图 6－5 表明，如果临界点沿水平方向右移，α 将变小而 β 变大；如果向左移，α 变大而 β 将变小，从图示上说明了在假设检验中 α 和 β 此消彼长的关系。

可能带来的后果越严重，危害越大的那一类错误，在假设检验中作为首要的控制目标。人们通常都遵守首先控制犯 α 错误作为假设检验的基本原则。

这是因为原假设的目标通常是明确的，而替换假设则通常是模糊的。所以，人们常常把最关心的问题作为原假设提出，将较严重的错误放到了 α，这就能够在假设检验中对 α 错误实施有效控制。

（四）双侧检验和单侧检验

对总体平均数的假设检验可分为两种类型，即双侧检验和单侧检验。

1. 双侧检验

原假设是 μ 等于某一数值 μ_0，只要 $\mu>\mu_0$ 或 $\mu<\mu_0$ 中有一个成立，就否定原假设，即 H_0：$\mu=\mu_0$，H_1：$\mu\neq\mu_0$。

双侧检验的目的是，观察在规定的显著性水平下所抽取的样本统计量是否显著高于或低于假设的总体参数。标准正态（或 t）分布曲线下 2 个尾部面积各占 $\alpha/2$，这样就有了两个拒绝区域。如果样本统计量落在任一拒绝区域，就拒绝原假设。双侧检验的示意图如图 6－6 所示。

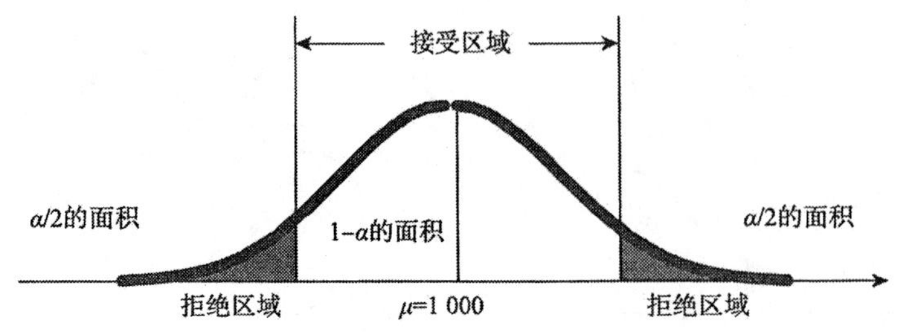

图 6-6　双侧检验的示意图

2. 单侧检验

单侧检验主要关心带方向性的检验问题，具体可分为两种情况：一种是所考察的数值越大越好；另一种则是数值越小越好。单侧检验可分为左侧检验和右侧检验两种，它们都只有一个拒绝区域。

(1)左侧检验。假设 H_0：$\mu \geqslant \mu_0$，H_1：$\mu < \mu_0$，就使用左侧检验。拒绝区域在临界值左端。左侧检验适用于担心样本统计量会显著地低于假设的总体参数的情况。左侧检验的示意图如图 6-7 所示。

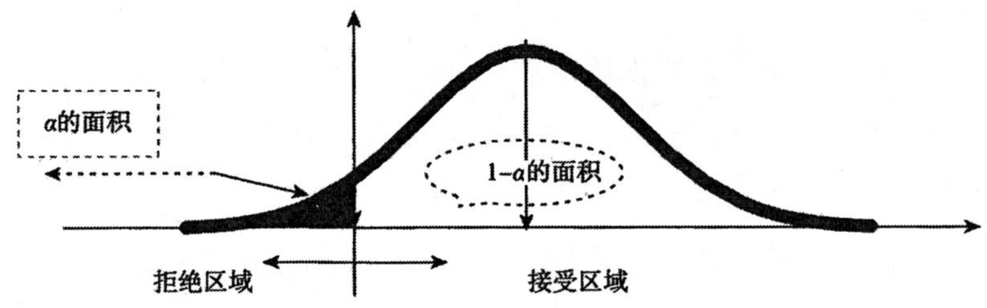

图 6-7　左侧检验的示意图

(2)右侧检验。假设 H_0：$\mu \leqslant \mu_0$，H_1：$\mu > \mu_0$。只要样本平均数显著超过假设的总体参数，就拒绝原假设 H_0。拒绝区域在临界值的右侧。右侧检验的示意图如图 6-8 所示。

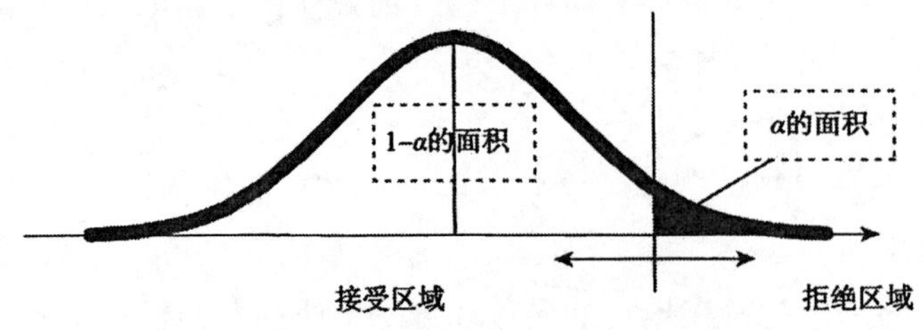

图 6-8　右侧检验的示意图

双侧和单侧检验研究的问题如表 6-2 表示。

表 6－2　双侧和单侧检验研究的问题

假设	研究的问题		
	双侧检验	左侧检验	右侧检验
H_0	H_0：$\mu=\mu_0$	H_0：$\mu\geqslant\mu_0$	H_0：$\mu\leqslant\mu_0$
H_1	H_1：$\mu\neq\mu_0$	H_1：$\mu<\mu_0$	H_1：$\mu>\mu_0$

（五）假设检验的一般程序

（1）建立适当的原假设和备择假设。根据研究问题的需要提出假设，包括原假设 H_0 和备择假设 H_1。同时，与备择假设相对应，指出所做检验为双侧检验还是左侧检验或右侧检验。

（2）构造检验统计量，收集样本数据，计算检验统计量的样本观察值。

（3）选择适当的显著性水平 α。α 通常取 5% 或 1%。显著性水平就是小概率水平，但小概率并不能说明不会发生，仅仅是发生的概率很小罢了。如果原假设正确我们接受了，或原假设错误我们拒绝了，这表明我们做出了正确的决定。

（4）根据所选择的显著水平 α，确定临界值和拒绝区域。

（5）把检验统计量的值与临界值进行比较。

（6）做出接受或拒绝原假设的统计决策。

二、参数假设检验

参数假设检验是一种应用非常广泛的统计推断方法，是公共管理研究者经常用到的基本研究方法。它先对总体待估参数的取值做出某种陈述（称为假设），然后利用样本信息在事先给定的显著性水平 α 下来判断所做假设是否成立的一种检验方法。参数假设检验要求总体（或变量）符合某些假定的条件，如总体分布为正态、方差齐性等，就总体的某些参数（如均值、方差和比例）等进行检验的一种统计分析方法，它适用于等距变量和等比变量的资料。

设总体 X 有 N 个单位，从该总体中随机地抽取 n 个单位（X_1，X_2，X_3，…，X_n）构成随机样本，称其为总体 X 的一个容量为 n 的随机样本。再设 $\psi(X_1, X_2, X_3, \cdots, X_n)$ 为一个不包含未知参数的函数，则称 $\psi(X_1, X_2, X_3, \cdots, X_n)$ 为一个统计量。

统计量有三个基本特征：一个统计量就是样本的一个函数；统计量中不能包含任何未知参数；统计量是一个随机变量。统计量 t 服从标准正态分布的检验方法称为 μ 检验法。类似地，统计量 t 分别服从 t 分布、χ^2 分布和 F 分布的检验方法，分别称为 t 检验法、χ^2

检验法和 F 检验法。

(一)单个正态总体均值和方差的假设检验

设总体 $X \sim N(\mu, \sigma^2)$，给定显著性水平 α。$X_1, X_2, \cdots, X_n$ 为来自总体 X 的样本，$\bar{X} = \frac{1}{n}\sum_{i=1}^{n} X_i$，$S^2 = \frac{1}{n-1}\sum_{i=1}^{n}(X_i - \bar{X})^2$，$S = \sqrt{S^2}$。关于总体均值 μ 与方差 σ^2 参数假设检验如表 6－3 所示。

表 6－3　单个正态总体均值和方差的假设检验

原假设 H_0	备择假设 H_1	检验统计量	H_0 为真时统计量的分布	拒绝域
$\mu=\mu_0$ (σ^2 已知)	$\mu<\mu_0$ $\mu>\mu_0$ $\mu\neq\mu_0$	$t=\frac{\bar{X}-\mu_0}{\sigma/\sqrt{n}}$	$N(0, 1)$	$t\leqslant -\mu_\alpha$ $t\geqslant\mu_\alpha$ $\lvert t\rvert \geqslant\mu_{\alpha/2}$
$\mu=\mu_0$ (σ^2 已知)	$\mu<\mu_0$ $\mu>\mu_0$ $\mu\neq\mu_0$	$t=\frac{\bar{X}-\mu_0}{S/\sqrt{n}}$	$t(n-1)$	$t\leqslant -t_\alpha(n-1)$ $t\geqslant t_\alpha(n-1)$ $\lvert t\rvert \geqslant t_{\alpha/2}(n-1)$
$\sigma^2=\sigma_0^2$ (μ 已知)	$\sigma^2<\sigma_0^2$ $\sigma^2>\sigma_0^2$ $\sigma^2\neq\sigma_0^2$	$t=\frac{1}{\sigma_0^2}\sum_{i=1}^{n}(X_i-\mu)^2$	$\chi^2(n)$	$t\leqslant\chi^2_{1-\alpha}(n)$ $t\geqslant\chi^2_\alpha(n)$ $t\geqslant\chi^2_{\alpha/2}(n)$ 或 $t\leqslant\chi^2_{1-\alpha/2}(n)$
$\sigma^2=\sigma_0^2$ (μ 已知)	$\sigma^2<\sigma_0^2$ $\sigma^2>\sigma_0^2$ $\sigma^2\neq\sigma_0^2$	$t=\frac{(n-1)S^2}{\sigma_0^2}$	$\chi^2(n-1)$	$t\leqslant\chi^2_{1-\alpha}(n-1)$ $t\geqslant\chi^2_\alpha(n-1)$ $t\geqslant\chi^2_{\alpha/2}(n-1)$ 或 $t\leqslant\chi^2_{1-\alpha/2}(n-1)$

(二)两个正态总体的均值差与方差比的假设检验

设有两个正态总体 $X \sim N(\mu_1, \sigma_1^2)$，$Y \sim N(\mu_2, \sigma_2^2)$，且 X 与 Y 相互独立。$X_1, X_2, \cdots, X_{n_1}$ 与 $Y_1, Y_2, \cdots, X_{n_2}$ 分别是来自总体 X 与 Y 的两个互相独立的样本，如表 6－4 所示。

$$\bar{X} = \frac{1}{n_1}\sum_{i=1}^{n_1} X_i,\ \bar{Y} = \frac{1}{n_2}\sum_{i=1}^{n_2} Y_i,\ S_1^2 = \frac{1}{n_1-1}\sum_{i=1}^{n_1}(X_i - \bar{X})^2,$$

$$S_2^2 = \frac{1}{n_2-1}\sum_{i=1}^{n_2}(Y_i - \bar{Y})^2,\ S_0^2 = \frac{(n_1-1)S_1^2 + (n_2-1)S_2^2}{n_1+n_2-2}$$

$$S_1 = \sqrt{S_1^2},\ S_2 = \sqrt{S_2^2},\ S_0 = \sqrt{S_0^2},$$

表 6－4　两个正态总体的均值差与方差比的假设检验

原假设 H_0	备择假设 H_1	检验统计量	H_0 为真时统计量的分布	拒绝域
$\mu_1-\mu_0=\delta$ （σ_1^2 和 σ_2^2 已知）	$\mu_1-\mu_2<\delta$ $\mu_1-\mu_2>\delta$ $\mu_1-\mu_2\neq\delta$	$t=\dfrac{\bar{X}-\bar{Y}-\delta}{\sqrt{\dfrac{\sigma_1^2}{n_1}+\dfrac{\sigma_2^2}{n_2}}}$	$N(0, 1)$	$t\leqslant-\mu_\alpha$ $t\geqslant\mu_\alpha$ $\lvert t\rvert\geqslant\mu_{\alpha/2}$
$\mu_1-\mu_0=\delta$ （$\sigma_1^2=\sigma_2^2=\sigma^2$ 未知）	$\mu_1-\mu_2<\delta$ $\mu_1-\mu_2>\delta$ $\mu_1-\mu_2\neq\delta$	$t=\dfrac{\bar{X}-\bar{Y}-\delta}{S_0\sqrt{\dfrac{\sigma_1^2}{n_1}+\dfrac{\sigma_2^2}{n_2}}}$	$t(n_1+n_2-2)$	$t\leqslant-t_\alpha(n_1+n_2-2)$ $t\geqslant t_\alpha(n_1+n_2-2)$ $\lvert t\rvert\geqslant t_{\alpha/2}(n_1+n_2-2)$
$\sigma_1^2=\sigma_2^2$（μ_1 和 μ_2 已知）	$\sigma_1^2<\sigma_2^2$ $\sigma_1^2>\sigma_2^2$ $\sigma_1^2\neq\sigma_2^2$	$t=\dfrac{\sum_{i=1}^{n''1}(X_i-\mu_1)^2}{\sum_{i=1}^{n_2}(Y_i-\mu_2)^2}\cdot\dfrac{n_2}{n_1}$	$F(n_1, n_2)$	$t\leqslant F_{1-\alpha}(n_1, n_2)$ $t\geqslant F_\alpha(n_1, n_2)$ $t\leqslant F_{1-\alpha/2}(n_1, n_2)$ 或 $t\geqslant F_{\alpha/2}(n_1, n_2)$
$\sigma_1^2=\sigma_2^2$ （μ_1 和 μ_2 未知）	$\sigma_1^2<\sigma_2^2$ $\sigma_1^2>\sigma_2^2$ $\sigma_1^2\neq\sigma_2^2$	$t=\dfrac{S_1^2}{S_2^2}$	$F(n_1-1, n_2-1)$	$t\leqslant F_{1-\alpha}(n_1-1, n_2-1)$ $t\geqslant F_\alpha(n_1-1, n_2-1)$ $t\leqslant F_{1-\alpha/2}(n_1-1, n_2-1)$ 或 $t\geqslant F_{\alpha/2}(n_1-1, n_2-1)$

（三）单个总体比率的假设检验

如果样本容量 n 与原总体比率 p_0 满足：$np_0\geqslant5$，$n(1-p_0)\geqslant5$ 时，用 U 检验法，如表 6－5 所示。

表 6－5　单个总体比率的假设检验

H_0	H_1	$np_0\geqslant5$，$n(1-p_0)\geqslant5$ 时 $U=\dfrac{X_0-np_0}{\sqrt{np_0(1-p_0)}}$ 在显著水平 α 下拒绝 H_0，接受 H_1	备注
$p=p_0$ $p\leqslant p_0$ $p\geqslant p_0$	$p\neq p_0$ $p>p_0$ $p<p_0$	$\lvert U\rvert>\mu_{\alpha/2}$ $U>\mu_\alpha$ $U<-\mu_\alpha$	X_0：样本中具有某种性质的数据个数

（四）两个总体比率的假设检验

比较两个总体比率有无显著差异时，如比较两种机车生产产品的次品率有无显著差异，可取容量 n_1 和 n_2 皆足够大，$n_1p_1\geqslant5$，$n_1(1-p_1)\geqslant5$；$n_2p_2\geqslant5$，$n_2(1-p_2)\geqslant5$，用 U 检验法，如表 6－6 所示。

表 6-6　两个总体比率差异的假设检验

H_0	H_1	$U=\dfrac{\bar{p}_1-\bar{p}_2}{\sqrt{\hat{p}(1-\hat{p})\left(\dfrac{1}{n_1}+\dfrac{1}{n_2}\right)}}$ 在显著水平 α 下拒绝 H_0，接受 H_1	备注
$p_1=p_2$	$p_1\neq p_2$	$\|U\|>\mu_{\alpha/2}$	X_1，X_2 分别为两样本中具有某种性质的数据个数
$p_1\leqslant p_2$	$p_1>p_2$	$U>\mu_\alpha$	$\bar{p}_1=\dfrac{X_1}{n_1}$，$\bar{p}_2=\dfrac{X_2}{n_2}$
$p_1\geqslant p_2$	$p_1<p_2$	$U<-\mu_\alpha$	$\hat{p}=\dfrac{X_1+X_2}{n_1+n_2}$

三、非参数的假设检验

前文的假设检验都是在已知总体的分布类型(如正态分布)下进行的。但是在许多问题中，总体不一定属于正态分布，甚至总体的分布未知。下面介绍统计上常用的不依赖于总体分布及其参数知识的检验——非参数检验(nonpara-metric tests)方法。

非参数检验是一种与总体分布状况无关的检验方法，它不依赖于总体分布的形式，应用时可以不考虑被研究对象为何种分布以及分布是否已知。非参数检验主要是利用样本数据之间的大小比较及大小顺序，对两个或多个样本所属总体是否相同进行检验，而不对总体分布的参数(如平均数、标准差等)进行统计推断。当样本观测值的总体分布类型未知或知之甚少，无法肯定其性质，特别是观测值明显偏离正态分布，不具备参数检验的应用条件时，常用非参数检验。非参数检验具有计算简便、直观、易于掌握、检验速度较快等优点。非参数检验法从实质上讲，只是检验总体分布的位置(中位数)是否相同，因此对于总体分布已知的样本也可以采用非参数检验法，但是它不能充分利用样本内所有的数量信息，检验的效率一般要低于参数检验方法。例如，非配对资料的秩和检验，其效率为 t 检验的 86.4%，也就是说，以相同概率判断出差异显著，t 检验所需的样本个数要少 13.6%。非参数检验内容很多，本节重点讨论柯尔莫哥洛夫－斯米尔诺夫检验、卡方检验法、普通符号检验法、符号秩和检验法、曼－惠特尼 U 检验法和游程检验等类型。

(一)柯尔莫哥洛夫－斯米尔诺夫检验

柯尔莫哥洛夫－斯米尔诺夫检验(K-S 检验)是用两名俄罗斯数学家名字命名的非参数检验法，其基本思路是通过统计计算得到理论分布和实际分布偏差的最大值 d_i，并根据给定的显著性水平和样本容量求取 K-S 检验临界值 d_n，当 $d_n>d_i$ 时，接受原假设，否则拒绝原假设。K-S 检验通常用于以下情况：检验一组样本数据的实际分布与某一指定的理论分布是否相符合(单样本)，推断样本是否来自正态分布总体、均匀分布总体、指数分布或泊松分布总体；检验两个总体是否符合同一分布(两个样本)。

K-S 检验的基本程序如下。

(1)提出假设。H_0：经验分布与理论分布服从于同一个分布；H_1：经验分布与理论分布不服从于同一个分布。

(2)构造检验统计量。设 $S_n(x)$ 表示经验分布函数，$F_n(x)$ 表示理论分布函数，对于任意的 x 值，可以构造一个 D 统计量：

$$D = \max | S_n(x) - F_n(x) |$$

(3)查找 K-S 表，根据给定的显著性水平得到临界值 d_n。

(4)做出接受或拒绝 H_0 的决策。当 $D < d_n$ 时，接受原假设；反之，则拒绝原假设。

(二)卡方检验法

卡方(χ^2)检验应用于计数数据的分析，对总体的分布不做任何假设。卡方检验主要应用于以下两种情况：

(1)卡方检验能同时检验按一个标准做两项或多项分类的观测次数与理论次数之间是否一致的问题，这与比率的显著性检验类似，这里的观测次数相当于比率检验中的样本比率，理论次数相当于事先所定的那个比较标准。不同之处在于比率检验只针对两项分类(具有某属性和不具有某属性)，而卡方检验可以针对多项分类，这一类检验称为拟合优度检验。

(2)卡方检验还可以用于检验两个或两个以上因素(各有两项或以上的分类)之间是否相互影响的问题，这种检验称为独立性检验。独立性分析是卡方检验最常用的，两个独立的分类方法应用在同一群体时看其是否服从零假设，如果两者不独立则说明具备某种联系。该检验常用于非连续性数据的假设检验。例如，要讨论血型与性格的关系，血型有 A、B、AB、O 四类，性格采用心理学上的 A 型性格来划分，即有 A 型和 B 型两种，每个人可能是它们之间交叉所形成的八种类型中的一种，那么血型与性格之间到底有没有关系。

卡方检验是由英国统计学家皮尔逊(Pearson)推导的。理论证明，实际观察次数(f_0)与理论次数(f_e，又称期望次数)之差的平方再除以理论次数所得的统计量，近似服从卡方分布，可表示为：

$$\chi^2 = \sum \frac{(f_0 - f_e)^2}{f_e} \sim \chi^2(k-1)$$

当 f_e 越大($f_e \geqslant 5$)，近似得越好。显然 f_0 与 f_e 相差越大，卡方值就越大；f_0 与 f_e 相差越小，卡方值就越小。因此，它能够用来表示 f_0 与 f_e 相差的程度。

（三）普通符号检验法

普通符号检验法是根据样本各对数据之差的正负符号多少来检验两个总体分布的异同，而不去考虑差值的大小。每对数据之差为正值用“+”表示，负值用“-”表示。由此可以设想，如果两个总体分布相同，则正或负出现的次数应该相等；若不完全相等，至少不应相差过大，否则超过一定的临界值就认为两个样本所来自的两个总体差异显著，具有不同的分布。

设两个总体分别为 x_1 和 x_2，它们的分布皆未知，以 $F_1(x)$ 和 $F_2(x)$ 分别表示两个总体的分布函数。我们要检验 $F_1(x)=F_2(x)$ 是否成立。

于是，有：

$$\mathrm{H}_0:F_1(x) = F_2(x), \mathrm{H}_1:F_1(x) \neq F_2(x)$$

为此对两个总体分别独立地抽取 m 个元素，即得到 m 对数据：

$$(a_1, b_1), \quad (a_2, b_2), \cdots, (a_m, b_m)$$

如果 $F_1(x)=F_2(x)$ 假设成立，那么 $a_i>b_i$ 或 $a_i<b_i(i=1, 2, \cdots, m)$ 应该有相同的概率(1/2)，且样本 $a_i>b_i$ 与 $a_i<b_i$ 的个数差异不应该很大。

令 $a_i>b_i$ 的事件为 y_i，其取值为 1，0。

$$y_i = \begin{cases} 1, & a_i > b_i \\ 0, & a_i < b_i \end{cases}$$

于是，有：

$$y = y_1 + y_2 + \cdots + y_m$$

服从二项分布。根据二项分布计算并比较 $a_i>b_i$ 或 $a_i<b_i$ 差异的临界值 $S_\alpha(n)$。

依据上述理论，我们给出符号检验的基本程序如下。

(1)将两总体的样本数据进行比较。$a_i>b_i$ 记为“+”，“+”的个数记为 n_+；$a_i<b_i$ 记为“-”，“-”的个数记为 n_-；$a_i=b_i$ 记为“0”，“0”的个数记为 n_0。

(2)求出 n：$n=n_+ + n_-$。

(3)在显著水平 α 下，根据 n 值查符号检验表得其临界值 $S_\alpha(n)$。

(4)判别显著性：

若 $S_0=\min\{n_+, n_-\}<S_\alpha(n)$，则拒绝 H_0，接受 H_1，认为 $F_1(x)$ 与 $F_2(x)$ 有显著差异。

若 $S_0=\min\{n_+, n_-\}>S_\alpha(n)$，则接受 H_0，认为 $F_1(x)$ 与 $F_2(x)$ 无显著差异。

第三节　方差分析

一、方差分析的由来

t 检验法（Z 检验法也是如此）适用于样本平均数与总体平均数及两样本平均数间的差异显著性检验，但在公共管理研究中经常会遇到比较多个处理优劣的问题，即需进行多个平均数间的差异显著性检验。这时，若仍采用 t 检验法就不适宜了，其原因主要包括以下几点。

（1）检验过程烦琐。例如，某个实验包含 5 个处理，采用 t 检验法要进行 $C_5^2=10$ 次两两平均数的差异显著性检验；若有 k 个处理，则要做 $k(k-1)/2$ 次类似的检验。

（2）无统一的实验误差，误差估计的精确性和检验的灵敏性低。对同一实验的多个处理进行比较时，应该有一个统一的实验误差的估计值。若用 t 检验法进行两两比较，由于每次比较需计算一个 $S_{\bar{x}_1-\bar{x}_2}$，故各次比较误差的估计不统一，同时没有充分利用资料所提供的信息而使误差估计的精确性降低，从而降低检验的灵敏性。例如，实验有 5 个处理，每个处理重复 6 次，共有 30 个观测值。进行 t 检验时，每次只能利用两个处理共 12 个观测值估计实验误差，误差自由度为 $2\times(6-1)=10$；若利用整个实验的 30 个观测值估计实验误差，显然估计的精确性高，且误差自由度为 $5\times(6-1)=25$。可见，在用 t 检验法进行检验时，估计误差的精确性低，误差自由度小，使检验的灵敏性降低，容易掩盖差异的显著性。

（3）推断的可靠性低，检验的Ⅰ型错误率高。即使利用资料所提供的全部信息估计了实验误差，若用 t 检验法进行多个处理平均数间的差异显著性检验，由于没有考虑相互比较的两个平均数的秩次问题，所以会增加犯Ⅰ型错误的概率，降低推断的可靠性。

由于上述原因，多个平均数的差异显著性检验不宜用 t 检验法，须采用方差分析法。

方差分析是由英国统计学家罗纳德·费希尔（R. A. Fisher）于 1923 年提出的。这种方法是将 k 个处理的观测值作为一个整体看待，把观测值总变异的平方和及自由度分解为对应于不同变异来源的平方和及自由度，进而获得不同变异来源总体方差估计值；通过计算这些总体方差的估计值的适当比值，就能检验各样本所属总体平均数是否相等。方差分析实质上是关于观测值变异原因的数量分析，其在公共管理研究中的应用十分广泛。

二、方差分析的常用术语

(1)实验指标。为衡量实验结果的好坏或处理效应的高低，在实验中具体测定的性状或观测的项目称为实验指标。由于实验目的不同，选择的实验指标也不相同。

(2)实验因素。实验中所研究的影响实验指标的因素叫作实验因素。当实验中考察的因素只有一个时，称为单因素实验；若同时研究两个或两个以上的因素对实验指标的影响时，则称为两因素或多因素实验。实验因素常用大写字母 A，B，C 等表示。

(3)因素水平。实验因素所处的某种特定状态或数量等级称为因素水平，简称水平。例如，比较三种激励措施下组织绩效的高低，这三种激励措施就是三个因素水平。因素水平用代表该因素的字母添加脚标 1，2，3 等来表示。如 A_1，A_2，…，A_n，B_1，B_2，…，B_m。

(4)实验处理。事先设计好的实施在实验单位上的具体项目叫作实验处理，简称处理。在单因素实验中，实施在实验单位上的具体项目就是实验因素的某一水平。在多因素实验中，实施在实验单位上的具体项目是各因素的某一水平组合。例如，进行 3 种金融政策和 3 种税收政策对企业自主创新能力影响的两因素实验，整个实验共有 9(3×3)个水平组合，实施在实验单位(实验企业)上的具体项目就是某金融政策与某种税收政策的结合。因此，在多因素实验时，实验因素的一个水平组合就是一个处理。

(5)实验单位。在实验中能接受不同实验处理的独立的实验载体叫作实验单位，实验单位往往也是观测数据的单位。

(6)重复。在实验中，将一个处理实施在两个或两个以上的实验单位上，称为处理有重复。处理实施的实验单位数称为处理的重复数。

三、方差分析的应用条件

与其他统计分析方法一样，在应用方差分析时也有一定的条件限制。研究所获得的数据需要满足一些基本的条件，否则由它得出的结论将会产生错误。

(1)分布的正态性。方差分析与 Z 检验和 t 检验一样，也需要样本必须来自正态分布的总体。但是在公共管理研究领域中，大多数变量是可以假定其总体分布是满足正态分布的基本要求的，因此，进行方差分析时并不需要去检验总体分布是否服从正态分布。当有证据表明总体不服从正态分布时，可以将数据做某种转换，经过转换以后的数据就可以接近正态分布。

(2)变异的可分解性。方差分析所依据的一个基本原理是变异的可分解性，总变异可以分解成几个不同来源的部分，这几个部分变异的来源在意义上必须明确，而且彼此要相互独立。该条件一般情况下也都是能够满足的。通常情况下，总变异可以分解为组间变异和组内变异两部分，组间变异是实验处理引起的变异，而组内变异是指实验误差及个体差异引起的变异。由于被试分组是随机分配的，个体差异及实验误差带有随机性质，所以组内变异与组间变异是相互独立的。

(3)方差的齐性。各实验条件(处理)下实验结果的总体方差相等，即方差齐性。考察实验结果是否满足第三个条件，可用莱文(Levene)和巴特利特(Bartlett)法。莱文方差齐性检验由莱文于 1960 年提出。布朗(M. B. Brown)和福赛斯(A. B. Forsythe)于 1974 年对莱文检验进行了扩展，使对原始数据的数据转换不但可以使用数据与算术平均数的绝对差，也可以使用数据与中位数和调整均数的绝对差，从而使莱文检验的用途更加广泛。莱文检验主要用于检验两个或两个以上样本间的方差是否齐性，要求样本为随机样本且相互独立。国内常见的 Bartlett 多样本方差齐性检验主要用于正态分布的资料，而对于非正态分布的数据，检验效果并不理想。莱文检验既可以用于正态分布的资料，也可以用于非正态分布的资料或分布不明的资料，其检验效果比较理想。在 SPSS 中，采用莱文的方差齐性检验。

参考文献

[1] 杨立华，李志刚. 公共管理案例研究方法的基本路径[J]. 郑州大学学报(哲学社会科学版)，2022，55(4)：12－18＋127.

[2] 王伊雯. 浅谈公共管理研究方法[J]. 青年与社会，2019(3)：124.

[3] 代涛涛，陈志霞. 行为公共管理研究中的实验方法：类型与应用[J]. 公共行政评论，2019，12(6)：166－185＋203.

[4] 王印红. 论公共管理研究中定量分析方法的地位[J]. 山东社会科学，2015(3)：172－176.

[5] 尤建新，谭旋. 公共管理风险定量分析方法的研究[J]. 上海管理科学，2004(4)：54－55.

[6] 陈四清. 财务管理定量分析模型实用价值评述[J]. 会计之友，2013(3)：11－14.

[7] 刘光琪. 企业管理与定量分析[J]. 华北电业，1997(11)：15－16.

[8] 直线相关与回归分析的区别和联系[J]. 山东医药，2019，59(23)：26.

[9] 钟其红. 我国公共管理学研究方法的演进历程[J]. 商，2016(9)：68－69.

[10] 杜海峰，李树茁，朱正威，等. 公共管理与复杂性科学[J]. 浙江社会科学，2009(3)：13－20＋124.

[11] 李天铎. 定量分析法在管理工作中的应用[J]. 管理科学文摘，1994(10)：31.

[12] 姜国兵. 公共管理定量研究方法刍议[J]. 广东行政学院学报，2012，24(2)：5－10.

[13] 王德运. 公共管理专业管理定量分析课程的教学问题及对策研究[J]. 高教学刊，2016(11)：97－98.

[14] 张志勇. 管理决策中定量分析的基本作用及其研究方法[J]. 中国流通经济，2004

(2)：43 -46.

[15] 李莉. 统计学原理与应用[M]. 南京：南京大学出版社，2019.

[16] 王英凯. 基于德尔菲法和层次分析法原理的科研项目评价模型[J]. 山西财经大学学报，2001(S2)：148 -149.

[17] 王兴旺，董珏，余婷婷，等. 基于多种类型信息计量分析的前沿技术预测方法研究[J]. 情报杂志，2018，37(10)：70 -75 +89.

[18] 徐选华，谭春桥，马本江，等. 管理运筹学[M]. 北京：人民邮电出版社，2018.

[19] 袁汉宁，王树良，程永，等. 数据仓库与数据挖掘[M]. 北京：人民邮电出版社，2015.